JN125014

ハプスブルク帝国のアール・ヌーヴォー建築

小谷匡宏

Tadahiro Odani

リーブル出版

目次

CONTENTS

3 ルーマニア

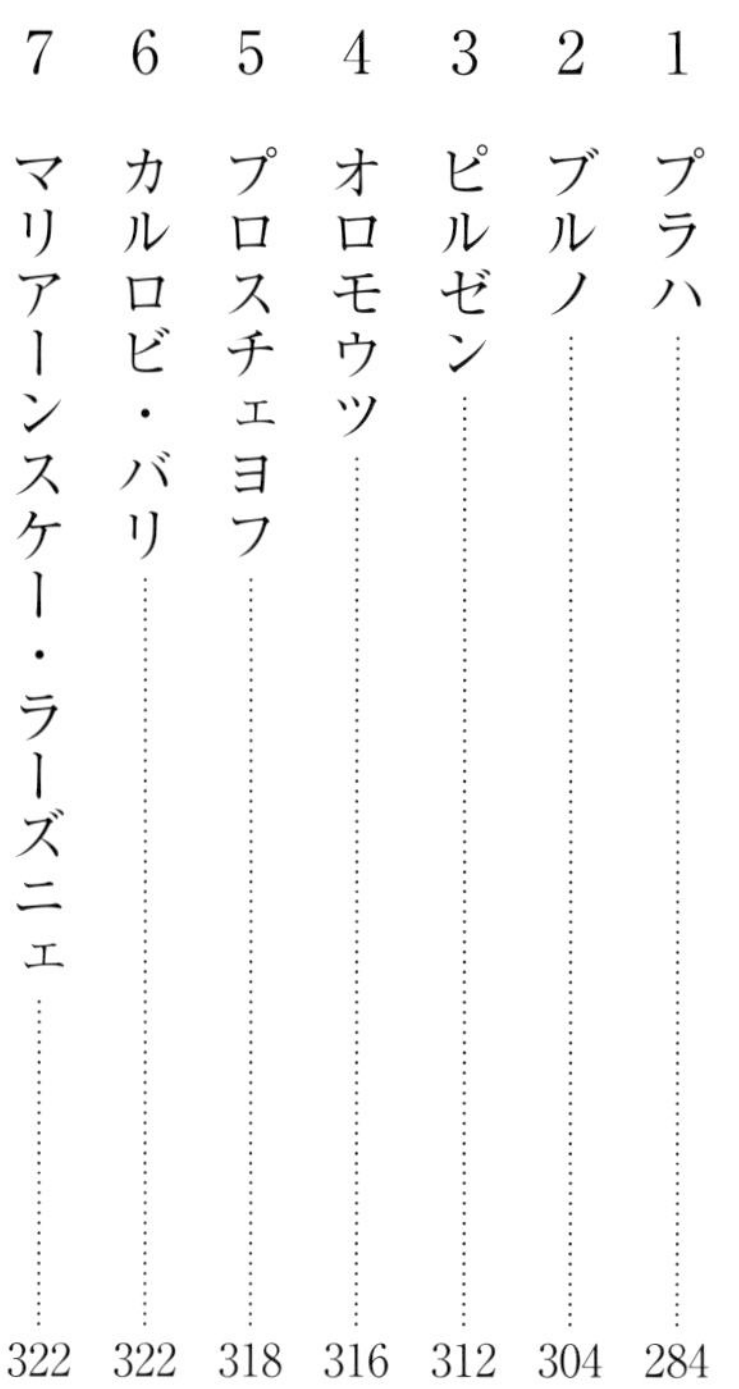

4 チェコ

5 スロヴァキア

6 セルビア

7 スロベニア

コラム

アール・ヌーヴォーを捜しにゆく

前人未到の快挙

建築家・隈研吾

小谷匡宏さんとはじめて出会ったのは、1985年、僕がコロンビア大学の客員研究員として、ニューヨークで暮らしていた頃である。その頃、僕が一番興味を持っていたのは、ニューヨークのアールデコ建築であった。すなわち1920年代のアメリカのバブル経済が生んだモダニズム建築でもなく、それ以前の古典主義建築でもない、歴史のアダ花のような、不思議なデザインの建築群であった。小谷さんも、アールデコの建築に強く惹かれていて、わざわざ高知からニューヨークを訪ねて、例のエネルギッシュな歩きぶりで、ニューヨークの街角に埋もれているアールデコ建築を、しらみつぶしに訪ね、写真に収めていた。

その後、小谷さんの興味はアールヌーヴォー建築へと移り、世界中のアールヌーヴォー建築を踏破しつつある。この本で、アールヌーヴォーが僕も想像していなかったような国—例えばキューバにも数多く残っていることを知り、驚いた。まさに前人未到の快挙である。

小谷さんが興味を持つアールデコ、アールヌーヴォー建築に共通しているのが、それらが歴史のはざまに生まれたということである。王を中心とする伝統的な西欧社会と、民主制と工業化を二本の柱とした20世紀の近代社会との間に、アールヌーヴォー、アールデコが花開いた。伝統的西欧社会の建築的制服は、古代ギリシャ、ローマ由来の古典主義建築

その二つの「制服」の間に、アールヌーヴォー、アールデコという「自由」が花開いたのである。

僕も同じように、時代のはざま自由な建築に興味があった。僕と小谷さんが出会った1985年のニューヨークもまた、歴史の狭間であった。20世紀の工業化社会と、ポスト工業化社会との狭間、近代と脱近代との狭間であった。1985年のニューヨークで取り交わされたプラザ合意は、まさに2つの時代の分水嶺であったと、歴史家達は指摘する。

今から振り返れば、その歴史の狭間に出くわしたことが、僕をアールデコに向かわせたのであると想像する。そしてそのニューヨークの体験以降、僕自身の建築も変わっていったのである。その僕の新しい探究においても、小谷さんは大きな役割を果たした。僕が脱近代の木の建築を最初に実践した場所、高知県の檮原町を僕に紹介してくれたのが小谷さんだったからである。

小谷さんがこの本でハプスブルク帝国に着目したことが面白かった。ハプスブルクとは、まさに前近代と近代のはざまに位置する、ある意味でどちらの類型にも属さない、型破りな存在である。そこがアールヌーヴォー建築の宝庫であるという小谷さんの指摘が興味深い。名君フランツ・ヨーゼフ皇帝がユダヤ人を解放し、そのユダヤ人の経済力がアールヌーヴォーの原動力になったという事情は、プラザ合意で火が付いた金融資本主義が、モダニズム建築後のスタイルを生むきっかけとなったという事情と、酷似している。

歴史と建築との平行関係に頭をめぐらせながらながめると、この本はさらに楽しめるものになるであろう。

はじめに

PREFACE

２０１７年11月に『アールヌーヴォーの残照～世紀末建築・人と作品～』という本を出した。

この本では90人の建築家を取り上げ、世界47の国の建築を紹介している。

これまでに世界中で出版されたアールヌーヴォー建築の本で、最多の国を取り上げた数が18カ国（橋本文隆著『図説アールヌーヴォー建築』）であることを考えると、自分としてはほぼ世界のアールヌーヴォー建築を概観したつもりだった。

出版後、暇になってさらに調べていくと、ポルトガルのアヴェイロという街に魅力的な建物が多数あることが分かってきたり、キューバのハバナにもアールヌーヴォー建築があることなどがわかり、追加取材した。

またハンガリーには別格に多くのアールヌーヴォーの建物があることから２０１８年、２０１９年に4度にわたって訪問し、ブダペストをはじめ、多くの地方都市を巡った。

この取材に関してテキストとなったのが、１９９３年に初めてブダペストを訪れた時に、偶然に手に入った『世紀転換期のマジャール建築』だった。

この本はマジャール語で書かれていたが辞書を片手に読んでみると英語よりも分かりやすかった。

２８８頁モノクロのこの本には驚くべき情報が詰まっていた。ハプスブルク帝国におけるオーストリア・ハンガリー帝国のうち、オーストリア、チェコを除くハンガリー国（今のハンガリー、スロヴァキア、ルーマニア北部、セルビア北部など）の建築家１７１人が紹介されていて、顔写真、生没年、経歴、主要な作品が所狭しと載っている。

さらに、巻末には何と３８５に及ぶ都市のアールヌーヴォー建築が、名称、設計者、建築年、所在地が分かりやすく説明されている。ブダペストをはじめ主だった都市には建物をプロットした地図までついていた。

ハンガリー領だけで３５７の都市が取り上げられ、とりわけブダペストには、数えてみると９８９の建物が掲載されている。

前著では14人のハンガリーの建築家を紹介したが、「これは一部だ」と思うようになり、オーストリアを含む旧ハプスブルク帝国に「なぜこんなに多くのアールヌーヴォー建築が生まれたか」をテーマに旧帝国を歩き回った成果がこの本である。

地方都市を回っていて、見えてきたことがいくつかある。

①19世紀末に人口の都市集中が起こり、多くの建物が建設されたが、その主流となったのが、当時大流行したアールヌーヴォー様式だった。

②19世紀にヨーロッパに数多くの銀行が設立されたが、そのほとんどがユダヤ資本だった。ハプスブルク帝国内で市民権を得たユダヤ人が増え、次第に都市を牛耳る力を持つにいたった。銀行、シナゴーグ、ユダヤ人専用カジノが多く建っているのはその証である。(コラム参照・214頁)

③1900年のパリ万博をはじめ、多くの万博、建築博の建物がアールヌーヴォー様式で建てられ急速に世界に広まっていった。(コラム参照・22頁)

④世界初のアールヌーヴォー建築は、イギリスのアーツ・アンド・クラフツの影響の元、ベルギーのヴィクトール・オルタのタッセル邸だといわれてきたが、実はそれよりずっと早く、イギリスはもとよりフランス、ハンガリー、ロシア、オーストリア、スペイン、セルビアなどで多くの建物が出現していたことがわかってきた。(コラム参照・14頁)

⑤従来、アールヌーヴォー建築は正調アールヌーヴォーに加え、ナショナルロマンティシズムが認められていたが、実際には擬アールヌーヴォーというか、それとも正式にゴシックアールヌーヴォー、バロックアールヌーヴォー、古典式アールヌーヴォー、ビザンチンアールヌーヴォーなどの分野を含めるべきではないかと思うようになった。日本や中国の帝冠様式も広義としてはアールヌーヴォーの範疇に入れられるかなとも思う。

※アールヌーヴォー表記について

多くの文献にはアール・ヌーヴォーまたはアール・ヌーボーと表記されている。さらに少なからずアールヌーヴォーとも記されている。

原語はフランス語でArt nouveauで新しい芸術の意。本書では「アールヌーヴォー」という日本語が成立しているとして、そのように表記した。

最高のテキスト『世紀転換期のマジャール建築』
数限りなく開いたため、装幀がボロボロになった

ハプスブルク帝国のあらまし

ハプスブルク帝国とは一口にいうと、13世紀から19世紀にかけて、約650年間ヨーロッパに存続した王朝で、ハプスブルク家の君主により統治された神聖ローマ帝国を中心とした領邦国家である。

スイスのバーゼルの近く、「鷹の城」と呼ばれる城に居住するドイツ系の貴族だったハプスブルク家の当主ルドルフ一世が、選挙によって神聖ローマ帝国の国王に選出されたことにより、ハプスブルク家は発展の時代を迎えた。

ここで神聖ローマ帝国について少し述べる。

神聖ローマ帝国はドイツを中心として、今でいう西欧諸国にオーストリア、チェコなどを加えた領土を持っていた。紀元前から紀元後5世紀頃までローマに支配されていたことを除けば、ローマとは何の関係もない。また神聖とは、いいかえればキリスト教の帝国である。

ルドルフ一世以降、それまで選挙で選ばれていた神聖ローマ帝国の国王はハプスブルク家の世襲となった。

さらにフリードリヒ3世がローマ教会より皇帝の帝冠を受けるにいたって、それは不動のものとなり、1918年に帝国が消滅するまで女帝マリア・テレジアを除き全ての後継者が皇帝の称号を得た。

とはいうものの、650年もの長い間平穏ばかりではなかった。

16世紀のオスマントルコの侵略、さらに17世紀の終り頃の第2次オスマントルコのウィーン包囲、そしてその間にあった、継承戦争だった30年戦争。その全てを乗り切った帝国は18世紀フランツ一世およびその妻である女帝マリア・テレジアの時代に最盛期を迎えた。

数多くの戦争はあったものの、ハプスブルク家の繁栄の礎は結婚政策にあった。

当時のヨーロッパでは現在以上に多くの王国が割拠し、王国の支配者同士の結婚が多く、そのお陰で支配者層の王権が守られていた。

多産であったハプスブルク家は結婚によって実質的な支配国を拡げていった。

結果、最大版図はオーストリア、ハンガリー以外にチェコ、スロヴァキア、ポーランド、ウクライナの一部、ルーマニア北部、旧ユーゴスラビアの大半、トリエステなどイタリアの一部にまで及んだ。

また、16世紀初めから17世紀終わりまでスペイン、1580年から1640年までカルロス一世のスペインによるポルトガル、さらに１８６４年から１８６７年まで短い間だがハプスブルク家出身のマクシミリアンがメキシコに第二帝政をしいた。

６５０年と長いハプスブルクの歴史の上で、最も有名なのは、フランスのルイ16世に嫁いだマリー・アントワネットだろう。16人の子供を産んだマリア・テレジアの末娘だったアントワネットは、不幸にもフランス・ブルボン朝と共に悲劇の最后を遂げた。

多民族、多言語国家、ハプスブルク帝国に大きな影響を与えたのはユダヤ人である。

紀元前6世紀頃、国を失ったユダヤ人達は生きのびる為に全世界に散っていった。

最も人口が多かったのはロシア、ポーランドだった。

人が生きるための多くの権利を制限されたユダヤ人達は、それからの長い長い年月を、ただひたすらメシア（救世主）の出現を信じ、教育に力を入れ、キリスト教やイスラム教でも禁じられた金融によって生き抜いた。

１８４８年に帝国皇帝となったフランツ・ヨーゼフ一世は法律を作り、その年に今まで禁じられていたユダヤ人の移動の自由を保障した。これにより帝国内のユダヤ人は自由に移動できるようになった。

１８６７年、フランツ・ヨーゼフは画期的施策を実行した。ユダヤ人を解放したのである。つまりユダヤ人への差別を撤廃し、富裕なユダヤ人に市民権を付与した。

これ以後、彼らにより銀行が次々に設立された。首都ウィーン、ブダペスト（後述する）は勿論、地方都市にユダヤ人の人口が増え、多くの地方都市で人口の20％以上をユダヤ人が占めるようになり、政治をも動かす力を蓄えていった。

このことが後にアールヌーヴォー建築がハプスブルク帝国で大流行する大きな力となっていった。

もう一つ見逃せない事がある。オーストリア・ハンガリー帝国の成立である。

帝国内でもっとも独立の気運が高かったのがハンガリーだった。

フランツ・ヨーゼフの治世になって、ハプスブルクはプロイセンとの戦いに敗れ、イタリアからも駆逐されたオーストリアにとって、ハンガリーの力は無視できないものとなり、遂にオーストリア・ハンガリー二重帝国が成立したのである。これにはハンガリーびいきだった皇后エリザベートの力が大きかったといわれている。

二重帝国とはつまり、首都ウィーンに加え、ブダペストを首都と認め、ハンガリーに自治を認めるというものであった。

折しも帝国にも工業化が進み、人口の都市集中が起こった。この人達を住まわせる為に集合住宅が必要となった。

　そんな時、ウィーンにオットー・ワーグナー、ブダペストにレヒネル・エデンと2人の天才が現れた。帝国の建築家を目指す若い人材がこの2人の元に学び、次々と育っていった。

　当時一番多く建てられたのが前述の集合住宅だった。需要はいくらでもあった。

　希望にあふれた19世紀末を迎えたユダヤ人達が、その金融の力で、時には建築主となり、あるいは銀行家としてその建設を支えていった。

　ハプスブルク家の東欧支配が始まって約６５０年。悲劇が起こった。皇位継承者であったオーストリア大公フランツ・フェルディナントとその妻が、１９１４年6月28日、ボスニア・ヘルツェゴビナのサラエボにおいて反ハプスブルクの18歳の青年によって暗殺されたのだ。

　これがきっかけとなり、初の世界戦争、第1次世界大戦が始まった。初め優勢だったドイツ、オーストリアだが、アメリカの参戦によって逆転。１９１８年11月3日ついに休戦協定を受諾。

　ハプスブルクの傘下にあったチェコスロヴァキアやクロアチアが次々に独立する。11月11日、皇帝カール一世が退位。翌12日、オーストリア共和国の設立宣言が行われた。ハプスブルク帝国は完全に消滅した。

　私はこれらの事柄からアールヌーヴォー建築は国というより都市を中心として発展してきたと思うようになった。

　この本は、その中でも、最も集中度の高い旧ハプスブルク帝国の都市と建築を紹介したものである。

■ 1618年頃のハプスブルク帝国

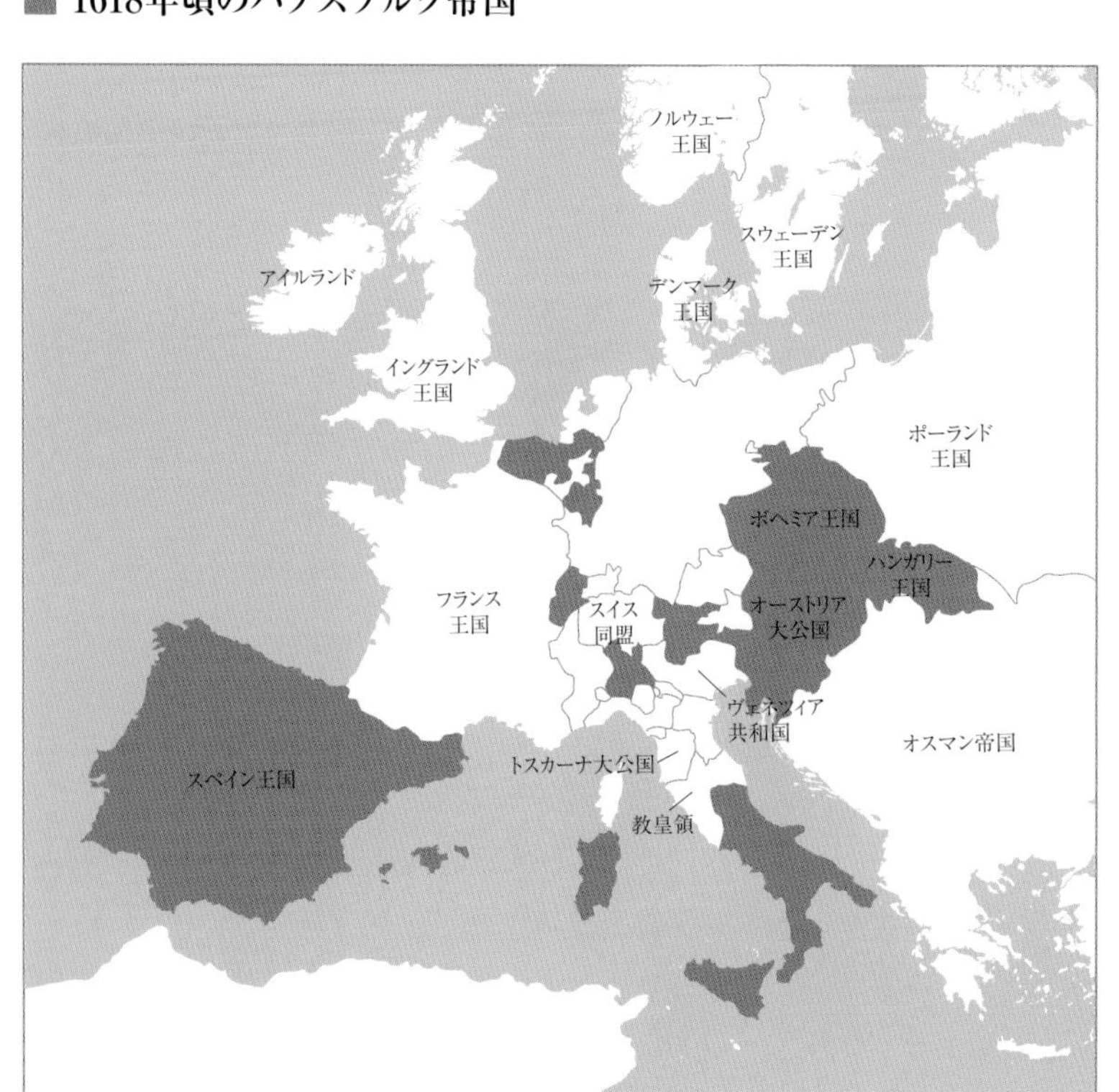

■ ウィーン会議(1815年)後のハプスブルク帝国

世界初のアールヌーヴォー建築は何か

そこから見えてくるアールヌーヴォー建築の成立

あらゆるアールヌーヴォー建築の本で、初のアールヌーヴォー建築について言及した場合、私の知る限り「初」はイギリスのウィリアム・モリスの提唱した「アーツ・アンド・クラフツ」の思想に影響されたベルギーのヴィクトール・オルタが1893年に設計し、1895年に完成した「タッセル邸」だと書いてある。

しかし、私の調査では、タッセル邸は、別表のごとく早くとも世界で36番目にできた建築である。

「オルタ」説は多分1956年に出版されたノルウェーの美術史家S・T・マドセンの『アールヌーヴォーの源泉』を出自として、世界中に広まっていったと推測される。

ロンドンのヴィクトリア&アルバート美術館が発行した『インターナショナル・アーツ・アンド・クラフツ』という本がある。

この本のイギリスの項に最初に出てくるのが、ウィリアム・モリスとフィリップ・ウェッブによるレッド・ハウス（赤い家）である。

1859年に設計され1860年に完成したこの建物は外観、インテリア共にそれまでに無かった意匠をまとっている。オルタがモリスに触発されたとすればなおのこと、

①レッド・ハウス　1860　フィリップ・ウェッブ、ウィリアム・モリス　ベクスリーヒース（イギリス）

②ムニェのチョコレート工場　1872　ジュール・ソルニエ　ノワジエル（フランス）パリ郊外

③C.Иマモントフの別荘　1872　B.Aガルトマン　アブラムツェボ

④シナゴーグ　1873　オットー・ワーグナー　ブダペスト（ハンガリー）

■ 初期のアールヌーヴォー建築ランキング

	年代	建築	建築家	都市	国	出典
1	1860	レッド・ハウス	フィリップ・ウェッブ、ウィリアム・モリス	ベクスリーヒース	イギリス	インターナショナル・アーツ・アンド・クラフツ(V&A美術館)
2	1872	ムニェのチョコレート工場	ジュール・ソルニエ	ノワジエル	フランス	世界5000年の名建築(エクスナレッジ)
2	1872	C.Иマモントフの別荘	B.Aガルトマン	アブラムツェボ	ロシア	世紀末建築(講談社)
4	1873	ブダペストのシナゴーグ	オットー・ワーグナー	ブダペスト	ハンガリー	世紀転換期のマジャール建築(ハンガリー)
5	1876	ボンマルシェ百貨店	ギュスターヴ・エッフェル、C.A.ボワロー	パリ	フランス	GA DOCUMENT 1851~1919
6	1877	アブラムツェボのバスハウス	イワン・ペトロフ	アブラムツェボ	ロシア	インターナショナル・アーツ・アンド・クラフツ(V&A美術館)
6	1877	ショッテンリングの集合住宅	オットー・ワーグナー	ウィーン	オーストリア	
6	1877	孔雀の間(インテリア)	ジェームズ・A・M・ホイッスラー	ロンドン	イギリス	(今はワシントンにある)
9	1880	モンタネ・イ・シモン出版社	ルイス・ドメネク	バルセロナ	スペイン	
9	1880	2つの小学校	レヒネル・エデン	ソンボル	セルビア	
11	1882	バラゲー図書博物館	ビラノバ・イ・ラ・ジャルトルー	バルセロナ	スペイン	
12	1883	バルセロナ王立科学芸術アカデミー	ジョゼプ・ドウナメク・イ・アスタパー	バルセロナ	スペイン	
12	1883	カフェ・ル・シリオ	—	ブリュッセル	ベルギー	
14	1884	フランセスク・ヴィダル工芸社	ジョゼプ・ビラセカ	バルセロナ	スペイン	
15	1885	カサ・ヴィセンス	アントニ・ガウディ	バルセロナ	スペイン	
15	1885	エル・カプリーチョ	アントニ・ガウディ	コミーリャス	スペイン	
17	1887	竜の門	アントニ・ガウディ	バルセロナ	スペイン	
17	1887	ナジ・クール街のアパート	レヒネル・エデン	ケチケメート	ハンガリー	
17	1887	J.Jグレスナー邸	ヘンリー・ホブソン・リチャードソン	シカゴ	アメリカ	
20	1888	バルセロナ博カフェレストラン	ルイス・ドメネク	バルセロナ	スペイン	
20	1888	アンブラクル(レストラン)	ジョゼップ・F・トメネク、ジョゼップ・A・サラマンチ	バルセロナ	スペイン	
20	1888	カサ・ロジェ	エンリク・イ・ヴィリヤヴッキア	バルセロナ	スペイン	
20	1888	オーディトリアムビル	ルイス・ヘンリー・サリヴァン	シカゴ	アメリカ	
20	1888	伊予鉄道三津駅		松山	日本	
25	1889	トーネットハウス	レヒネル・エデン	ブダペスト	ハンガリー	
25	1889	パラシオ・グエル	アントニ・ガウディ	バルセロナ	スペイン	
27	1891	産業宮殿	ベドリッチ・ミュンツベルガー	プラハ	チェコ	
27	1891	ホヨース宮殿	オットー・ワーグナー	ウィーン	オーストリア	
27	1891	カサ・パスカル・イ・ポン	エンリク・イ・ヴィリヤヴッキア	バルセロナ	スペイン	
30	1893	ブラッドベリービル	ジョージ・ハーバート・ワイマン	ロサンゼルス	アメリカ	
30	1893	アンカール自邸	ポール・アンカール	ブリュッセル	ベルギー	
30	1893	パラシオ・モンタネル	ルイス・ドメネク	バルセロナ	スペイン	
30	1893	ブラッドベリービル	ジョージ・ハーバート・ワイマン	ロサンゼルス	アメリカ	
30	1893	オートリック邸	ヴィクトール・オルタ	ブリュッセル	ベルギー	
35	1894	ヴィッサンジュ邸	ヴィクトール・オルタ	ブリュッセル	ベルギー	
36	1895	タッセル邸	ヴィクトール・オルタ	ブリュッセル	ベルギー	

※年号はすべて完成年を示す

私はアールヌーヴォー建築の第1号はレッド・ハウスだと思う。

そして第2号はパリ近郊ノワジエルに建つジュール・ソルニエによるムニェのチョコレート工場である。1872年の完成。構造に鉄骨を使い、外壁はレンガのカーテンウォールであり、色タイルを効果的に使ったこのスタイルは紛れもなくアールヌーヴォー建築といえる。

そして第2号タイはなんとロシアのモスクワ近郊のアブラムツェボにあるC・Иマモントフの別荘である。B・Aガルトマン設計。アブラムツェボは19世紀末に一世を風靡した芸術家村で、1870年~1890年代にロシアの芸術活動の中心地となっていた。今も当時の木造家屋や博物館が存在する。

第4号はウィーンのオットー・ワーグナーで、ブダペストに建つシナゴーグが彼の作品である。

第5号はパリのボンマルシェ百貨店。ギュスターヴ・エッフェルによる鉄骨構造の建物だ。

そして10号前後に出てくるのがスペインのルイス・ドメネクやアントニ・ガウディ達。

カタルーニャ独特のムデハル様式の進化系だ。このように初期のアールヌーヴォー建築は各国独自に生まれ、それぞれに発達する。

⑥アブラムツェボのバスハウス　1877　イワン・ペトロフ
アブラムツェボ(ロシア)

⑥ショッテンリング23番地の集合住宅　1877
オットー・ワーグナー　ウィーン(オーストリア)

⑤ボンマルシェ百貨店　1876　ギュスターヴ・エッフェル
C.A.ボワロー　パリ(フランス)

その後の万国博覧会や情報の発達によってマッキントッシュやオルタ、ギマール、レヒネルなどがお互いに影響しあってアールヌーヴォー建築の全盛期を迎えるのである。

さらにパッサージュと呼ばれるアーケードや万博の建物、鉄道駅は鉄とガラスで造られていて、規模も大きく、建築年も早いが、アールヌーヴォーとは言い難い建物も多く、参考までに下に記す。

⑥孔雀の間　1877　ジェームズ・アボット・マクニール・ホイッスラー
現・フリーア美術館(アメリカ)

⑨モンタネ・イ・シモン出版社　1880　ルイス・ドメネク　バルセロナ(スペイン)

鉄とガラスの建築

	年代	建築	建築家	都市	国
1	1800	パッサージュ・デ・パノラマ		パリ	フランス
2	1823	ギャルリー・ヴィヴィエンヌ		パリ	フランス
3	1825	パッサージュ・デュ・グラン・セール		パリ	フランス
4	1826	ギャルリー・ヴェロ・ドダ		パリ	フランス
5	1831	コベント・ガーデン・マーケット	チャールズ・ファウラー	ロンドン	イギリス
6	1836	パッサージュ・ジュフロワ	フランソワ・デタイユール	パリ	フランス
7	1847	ギャラリー・サン・テュベール		ブリュッセル	ベルギー
8	1848	キューガーデンのパームハウス	リチャード・ターナー、デシマス・バートン	ロンドン	イギリス
9	1850	パリ東駅	フランソワ・A・デュケスニー	パリ	フランス
10	1851	ロンドン万博　クリスタルパレス	ジョゼフ・パクストン	ロンドン	イギリス
11	1854	パディントン駅	I.K.ブルネル、M.D.フィアット	ロンドン	イギリス
12	1864	パリ北駅	ジャック・I・イトルフ	パリ	フランス
13	1867	ミラノのガレリア	ジュゼッペ・メンゴーニ	ミラノ	イタリア
14	1875	リバプールストリート駅	エドワード・ウィルソン	ロンドン	イギリス
15	1876	セント・パンクラス駅	ジョージ・ギルバート・スコット	ロンドン	イギリス
16	1886	パリ中央市場	V.バルタール、F・E・カレ	パリ	フランス
17	1888	Hiver nael	ジョゼプ・アマルゴス・サラマンチ	バルセロナ	スペイン

アールヌーヴォー建築保有数都市別ランキング

世界の半分は旧ハプスブルク帝国領にある

世界にはいったいアールヌーヴォー建築がいくつあるのだろう。別表によるランキング上位41都市の合計が4546棟。旧ハプスブルク領では2205棟（23都市）約半分だ。

別の資料によると旧ハプスブルク領には367都市（ハンガリー領357都市、オーストリア領10都市）に存在する。上位23都市を除く334都市に平均3棟として約1000棟。残りの世界各国で約500棟と仮定すると世界には約6000棟のアールヌーヴォー建築が存在することになる。これだけの量が、主として1890年頃から1914年の第1次大戦までの25年間に建てられた。

では、上位から見ていこう。

圧倒的ナンバー1はブダペストである。『世紀転換期のマジャール建築』には989棟のアールヌーヴォー建築が見事なまでに記録されている。私が見つけたこれ以外のものもあるので、その数は優に1000を超える。「なぜこれほどまでに多いか」は別の項で考察する。

第2位は北欧ノルウェーの港町オーレスンである。約600棟、人口4万人の街になぜこれほど多いのか。

この街は1904年の大火で街の中心部の大半を失ってしまう。復興のため立ち上った市民は、ある決意を固める。それは当時のヨーロッパ各国、そして北欧のヘルシンキでもはやっていたアールヌーヴォー様式で街を再建することだった。

オーレスンに近いノルウェー第3の町トロンハイムにノルウェー唯一の建築科を持つ大学があり、そこから若い建築家が集められた。復興の望みを託された彼等は、手さぐりで、再建する建物のほぼ全てをアールヌーヴォー様式で設計した。こうして北欧の小さな港町にアールヌーヴォーの街が出来上がった。

現在でも市内の建物の80%がアールヌーヴォー建築である。これは集積度において圧倒的に世界一だ。

意外なのは第3位、北欧のリガ。ここはドイツ人が造った町だが、1901年の産業芸術博覧会がここリガで開催され、多くのパビリオンがアールヌーヴォー様式で建てられた。これがリガの市民の心をとらえた。

人々は熱狂的にアールヌーヴォーを支持した。中でも建築を本格的に学んだことのないヴィゼメ県の建築技師、

■ アールヌーヴォー建築保有数　都市別ランキング(改訂版)

	都　市	国　名	数	典　拠
1	ブダペスト	ハンガリー	989	◎
2	オーレスン	ノルウェー	612	◎
3	リガ	ラトヴィア	414(800)※	◎
4	ブリュッセル	ベルギー	260	◎
5	プラハ	チェコ	200以上	◎
5	ヘルシンキ	フィンランド	200以上	◎
7	イスタンブール	トルコ	197	◎
8	ウィーン	オーストリア	177	◎
9	バルセロナ	スペイン	151	◎
10	ティミショアラ	ルーマニア	87	◎
11	アラド	ルーマニア	80	◎
12	ブエノスアイレス	アルゼンチン	77	◎
13	ピルゼン	チェコ	58	◆
14	クルジュ・ナポカ	ルーマニア	57	◎
15	バクー	アゼルバイジャン	54	◆
16	ナンシー	フランス	53	◎
16	パリ	フランス	53	◎
16	ミュンヘン	ドイツ	53	◎
19	オラデア	ルーマニア	49	◎
20	セゲド	ハンガリー	46	◎
20	ホードメゼーバーシャールヘイ	ハンガリー	46	◎
20	ゲント	ベルギー	46	◆
23	スボティツァ	セルビア	41	◎
24	デン・ハーグ	オランダ	40	◆
25	ルクセンブルク	ルクセンブルク	39	◎
26	カポシュバール	ハンガリー	36	◎
27	ケチケメート	ハンガリー	35	◎
27	オビエド	スペイン	35	◆
29	アントワープ	ベルギー	33	◆
30	ブルノ	チェコ	32	◆
31	トゥルグ・ムレシュ	ルーマニア	30	◎
31	ペーチ	ハンガリー	30	◎
31	ブラチスラヴァ	スロヴァキア	30	◎
31	デブレツェン	ハンガリー	30	◎
31	ソルノク	ハンガリー	30	◎
36	アヴェイロ	ポルトガル	28	◎
37	バラシュシャジャルマト	ハンガリー	25	◎
38	ベオグラード	セルビア	25	◆
39	ハルビン	中国	24	◎
39	コシツェ	スロヴァキア	24	◎
41	ミシュコルツ	ハンガリー	20	◎

典拠の凡例　◎=資料+現地調査　◆=調査　※(　)=ユネスコ調査

エイゼンシュタインの作品が特に秀れている。現地の資料『ユーゲント・シュティール・リガ』によれば全部で414棟。これはすべて地図にプロットされている。ただし、リガが世界遺産に指定される時、ユネスコが調べたら800棟だったという説もある。

第4位はヴィクトール・オルタの街ブリュッセル。

「1893年にオルタがタッセル邸を、ポール・アンカールが自邸を設計して、世界初のアールヌーヴォー建築が誕生した」とほとんどの解説書に書かれている。この件に関しては別の項で示す通り、1860年頃からすでに始まっていたことを示した。（世界初のアールヌーヴォー建築は何かを参照・14頁）

ブリュッセルの特徴は建物の完成度が高いことである。オルタ、アンカールをはじめ、ヴァン・ド・ヴェルド、ストローヴァン、コーシーなど、皆一流の建築家の作品が残っている。

第5位はチェコのプラハとフィンランドのヘルシンキである。プラハは当時ハプスブルク領で、皇帝フランツ・ヨーゼフ一世が1867年にユダヤ人に市民権を与え、1893年スラムクリアランス法が成立し、今ではヨゼフォフと呼ばれるアールヌーヴォーの街並が完成した。

そして、オズワルド・ポリーフカとヤン・コチェラという天才が登場し、プラハの街を彩った。

ヘルシンキには、エリエール・サーリネンとラルシュ・ソンクという2人の実力派の建築家が現れた。首都トゥルクが大火に見舞われたため、ヘルシンキの街が新しい首都に選ばれ、人口増に対応する建築が次々と建てられ、この2人がそれを主動した。

北欧には元々急勾配の屋根を持つ建物が多く、それはルーマニアのトランシルバニア地方とよく似ていて、両者相呼応して、ナショナルロマンティシズムと呼ばれるアールヌーヴォー建築の一分野が特に発達した。

第7位がこれまた驚きのイスタンブールである。

1890年のトリノ建築博の会場設計をしたイタリア人のライモンド・ダロンコがトルコ皇帝アブデュル・ハミドの目にとまり、イスタンブールに呼ばれた。ダロンコはイスタンブールに16年間とどまり、宮廷建築家として設計活動をし、次第に弟子も成長して、イスラムの街にアールヌーヴォー建築が拡がっていった。

現地の「イスタンブール・アールヌーヴォー・アーキテクチャー」によれば、ダロンコの作品73軒、それ以外の建築家の作品77軒、トルコ由来の木造住宅の発展した建物47軒、合計197軒が記録されている。

第8位はハプスブルク帝国の首都ウィーンである。

ここではオットー・ワーグナーとその弟子によって、多数の、かつ完成度の高いアールヌーヴォー建築が生まれ、世紀末のウィーンを彩った。今日、これらの建物は修復され、ウィーンの街は輝くばかりである。

第9位はバルセロナで、真打ち登場、ガウディである。長い間、異端の建築家と評されていたが、代表作サグラダ・ファミリアが没後１００年の２０２６年の完成に近づいて、一般市民の評判も爆発。スペインに赴く旅行者の大多数はこれを見ずにはいられない。それにつれて、ライバルのルイス・ドメネクの評判も上ってきた。バルセロナの街はガウディ的造形にあふれている。

第10位以下で目につくのは、ティミショアラ、アラド、クルジュ・ナポカ、オラデア、トゥルグ・ムレシュのルーマニアの都市である。これらの都市は19世紀後半、ハプスブルク領だったルーマニア北部に位置する。

ブダペストの有名建築家の作品も多いが、リマノーティ・カールマーンなど地元の建築家の頑張りが目立つ。

さらに意外なのが12位のブエノスアイレスと15位のバクーだ。ブエノスアイレスは19世紀末、ヨーロッパ各国から移民が殺到し、その中にヨーロッパで修行した若い建築家も含まれていた。彼等は師匠の作風をよく咀嚼して、完成度の高いユニークな建物が多い。

イスラム教の国アゼルバイジャンのバクーにこれほどアールヌーヴォー建築が存在するのかはよくわからない。考えられることは19世紀初頭、バクーは世界の石油の90％を供給していた。今でいうオイルマネーの力と、ヨーロッパ社会との接点がこれらの建物を生んだと類推するのみ。

忘れてならないのが16位のナンシーとパリ。

大概の本には両方ともアールヌーヴォーの本場と書かれている。パリを訪れるものは、いやがおうでもギマールのメトロの入口と対面する。そしてチェコ人であるミュッシャのサラ・ベルナールのポスターに魅せられる。ギマールの出世作カステル・ベランジェ（狂った館）は今や正しいアールヌーヴォー建築の代表である。

ナンシーを観光で訪れる人は比較的少ないが、そこで見るアンリ・ソヴァージュやエミール・アンドレの建築、エミール・ガレのガラス器、ナンシー派美術館の家具などを見て「芸術とはこういうもんだ」と納得するだろう。

36位のポルトガルのアヴェイロにはアールヌーヴォー美術館まであって、数は28と少なくても全て歩いて回れる素敵な町だ。アズレージョと呼ばれるコバルトのタイルで彩られたアヴェイロ駅や、その周りをチョロ、チョロと見るだけのツアーではもったいない。最低2泊はして、美しい建築を見て、大西洋でとれた魚に舌鼓を打ちたいものだ。もちろん、酒は隣の町・ポルトのポートワインだ。

コラム Column

アールヌーヴォー建築は万博によって広まった

第1回万国博覧会はロンドンにおいて1851年に開催。メイン会場は総ガラス張りの巨大なパビリオンでジョセフ・パクストンによって作られた。

この壮大な建物はその美しさからクリスタルパレス（水晶宮）と呼ばれ、当時の人々の関心を高めるに十分な建物だった。

第2回はパリで1855年の開催。それ以来1867年、1878年、1889年、1900年とほぼ10年に一度パリで開かれた。

1889年の最大の話題はギュスターヴ・エッフェルによるエッフェル塔だった。この塔の建設は保守的なパリッ子達の度肝を抜くもので賛否両論。否定的な意見も多く、当時「パリでもっとも美しい風景はエッフェル塔から見るパリだ。理由は、そこからだとエッフェル塔が見えないからだ」と揶揄されるほどだった。

しかし、エッフェルはこれによって、鉄骨構造の手法を確立し、後にブリュッセルのオルタやパリのギマールのアールヌーヴォー建築に寄与することになる。

1890年のトリノ建築博は、当時33歳だったトリノ生まれの若き建築家ライモンド・ダロンコに託された。

博覧会を見たトルコ皇帝アブデュル・ハミドはすっかりダロンコが気に入り、宮廷建築家としてイスタンブールに招いた。ダロンコは弟子アンニバーレ・リゴッティと共に現地に赴き、16年間イスタンブールに止まり設計を続けた。

ダロンコの最高傑作は、イスタンブールにいながら設計した1902年のトリノ国際装飾美術博覧会の建物群だ。ダロンコの才能が最大に発揮されたが、博覧会の宿命で終了と同時になくなってしまう。

ハプスブルク帝国では1896年に行われた建国千年祭で、バーリント・ゾルターン、ヤーンボル・ラヨシュ、バウムホルン・リポート、ギエルグル・カールマーン、セバスチャン・アーサー、ヴィドーム・エシル、デネス・デジューなど多くの若者の建築家が参加して、ブダペストの広大な市民公園で開催された。

またペーチで行われた建築博覧会はピルヒ・アンドールの一人舞台で、今では写真で見るしかないが秀作が多く残されている。

1900年前後は万国博覧会が毎年のように開催され、ポスターも建築もほぼすべてがアールヌーヴォー様式で開場を彩った。

特に1900年のパリは最高に賑わった。日本からも多くの工芸品が参加、ナンシーのガレのガラス器、ペーチのジョルナイの磁器も参加し、大人気を呼んだ。

それぞれの万博では1千万人単位で人が入場し、アールヌーヴォー建築に酔った有産階級の人達が故国にアールヌーヴォー建築を建てた。

この大きな流れは1914年の第1次世界大戦まで続いた。

1905　リエージュ万博ポスター（ベルギー）

◆ アールヌーヴォー様式が採用された博覧会

年	開催地	博覧会
1890	トリノ（イタリア）	トリノ建築博覧会
1896	ブダペスト（ハンガリー）	ハンガリー建国千年祭
1897	ブリュッセル（ベルギー）	万国博覧会
1900	パリ（フランス）	万国博覧会
1902	トリノ（イタリア）	装飾芸術博覧会（トリノ国際装飾美術博覧会）
1904	セントルイス（アメリカ）	万国博覧会
1905	リエージュ（ベルギー）	万国博覧会
1906	ミラノ（イタリア）	万国博覧会
1907	ペーチ（ハンガリー）	ペーチ建築博覧会
1910	ブリュッセル（ベルギー）	万国博覧会
1911	トリノ（イタリア）	万国博覧会

1

オーストリア

Republik Österreich

(Austria)

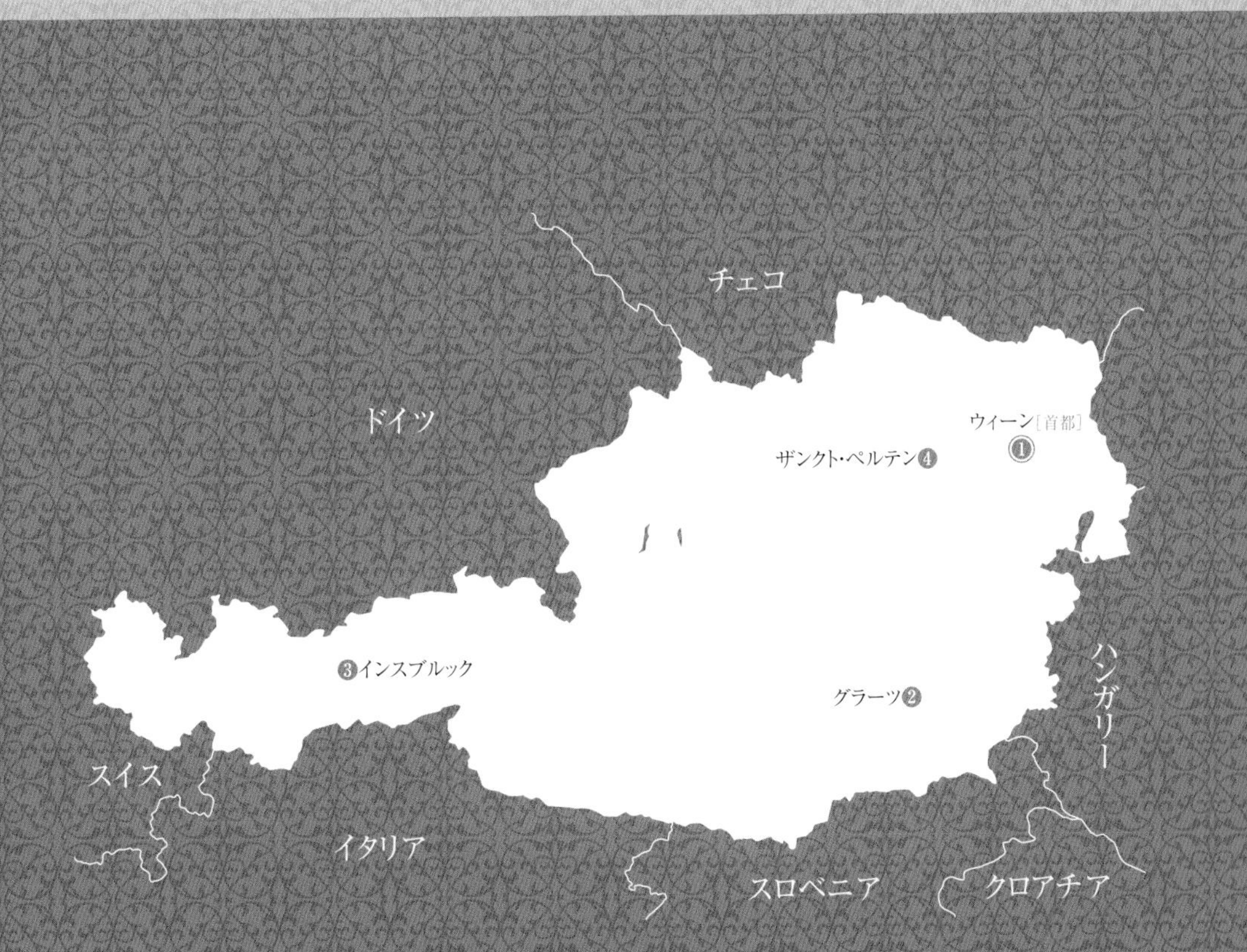

1 ウィーン Wien

ウィーンはいわずと知れたハプスブルク帝国の首都。現在の人口は180万人。

ハプスブルク家が1273年に神聖ローマ帝国の皇帝に選ばれて以来、1918年まで、650年間にわたって、首都としたウィーンには数々の歴史がある。その中でも19世紀末に文化の華が開き、音楽家マーラー、画家のクリムトやエゴン・シーレ、哲学者ヴィトゲンシュタイン、精神分析のフロイト、文学のシュニッツラーなど、秀れた人材が数多く輩出した。建築の世界でもオットー・ワーグナーをはじめとして、ヨゼフ・マリア・オルブリッヒ、ヨゼフ・ホフマンなど、彼の弟子達、さらに対立軸としてアドルフ・ロースなど、ウィーンの街は新しい建築であふれた。彼らの建築は分離派（ゼツェッション）と呼ばれ、従来のバロックや古典的建築とは一線を画するものであった。

分離派（ゼツェッション・英語ではセセッション）

1897年クリムトが中心になって設立された。機関紙『ヴェル・サクレム（聖なる春）』の創刊号には「われわれはもはや《大芸術》と《小芸術》との相違を知らない。富者のための芸術と貧者のための芸術との相違を知らない。芸術は公共のための富である」と書いてあった。

オットー・ワーグナー Otto Wagner（1841～1918）

オットー・ワーグナーは、1894年にウィーン造形美術アカデミーの教授となり、1918年に没するまで終身、教授を務め、名実ともにウィーン建築界の第一人者。自身建築家であり教育者でもあった。

彼の建築学の講座、ワーグナー・シューレにはキラ星の如く人材が集まり、学び、そして卒業するとワーグナーの事務所に入り、彼を助けるものも多かった。

例をあげると、ヨゼフ・マリア・オルブリッヒ、チェコ生まれのヨゼフ・ホフマン、スロヴァキア生まれのヤン・コチェラ、スロベニア出身のヨージェ・プレチニックなど。ハンガリーのバーリント・ゾルターンも一時ワーグナーの事務所にいたことがある。いずれも天才、秀才の集団であった。ワーグナー・シューレの図面は素晴らしく美しく、完成写真と見まごうものまであった。

ヨゼフ・ホフマンは師の死後、次のように書いている。「永年にわたる苦労の多い、不快な戦いののち、ほんの少しの作品しか実現できなかった」

ヴィラ・ワーグナーI　1888　Hüttelbergstraße 26　ワーグナー第1の別荘

ヴィラ・ワーグナーII　1913　Hüttelbergstraße 28　ワーグナー第2の別荘

マジョリカハウス　タイル詳細

マジョリカハウス　エレベーターの装飾

マジョリカハウス　ベランダ

この2つの集合住宅は賃貸用として建設された。ワーグナーは、かねがね集合住宅を装飾タイルで飾ることを夢見ていて、このマジョリカハウスは自費で建設した。

リンケ・ヴィーンツァイレの集合住宅
屋上付近

マジョリカハウス　1899
Linke Wienzeile 40

リンケ・ヴィーンツァイレの
集合住宅（右）　1899
Linke Wienzeile 38,40
左がマジョリカハウス

ドナウ運河水門監視所　1907　Obere Donaustraße 26
外壁は青タイル、白大理石及び御影石が使われ、アールデコのようだ。シンメトリーの外観が美しいことこの上ない

ウィーン郵便貯金局　1906　Georg Coch Platz 2
外装は白大理石をボルトで固定していて、すでに現代建築の域に達している

カールスプラッツ駅
1894　Karlsplatz

アム・シュタインホーフ教会

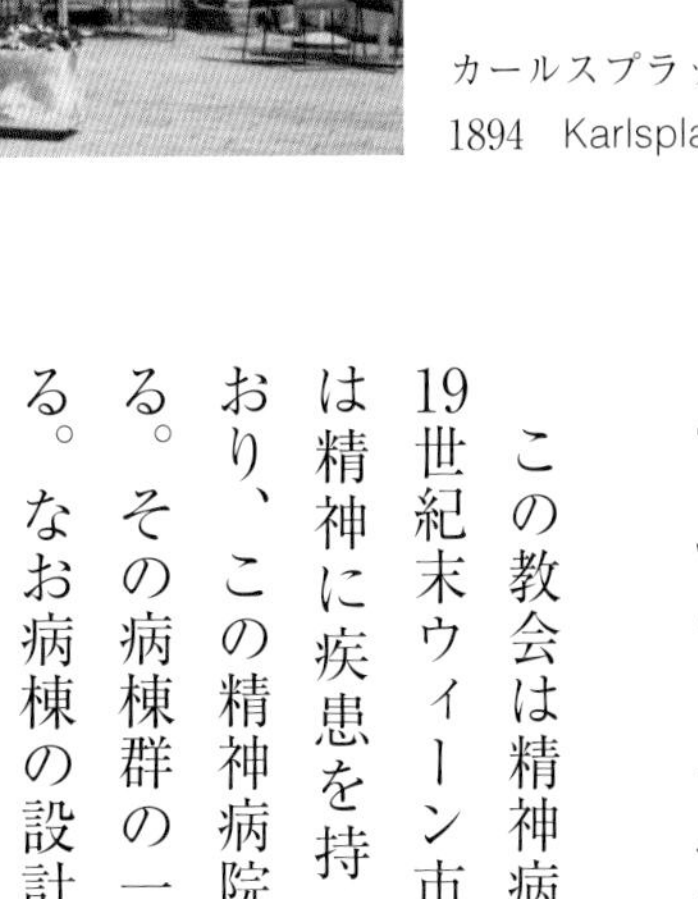

この教会は精神病院に付属している。19世紀末ウィーン市民の１００人に１人は精神に疾患を持っていたといわれており、この精神病院は病棟が１００もある。その病棟群の一段高い所に教会はある。なお病棟の設計はオットー・ワーグナーには委託されなかった。

アム・シュタインホーフ教会　エントランス周り　1907

アム・シュタインホーフ教会　遠景　2019撮影
Baumgartner Höhe 1

ホーフパビリオン　1899
シェーンブルン宮殿に
隣接して建てられた
皇帝専用の駅

アンカーハウス　1895　Graben 10
グラーベンに面して入り口のある
アンカーハウスは保険会社のビル
奥に長い巨大建築

市電シュタットパーク駅　1897

市電OBERDÖBLING駅
オットー･ワーグナーは
36の市営鉄道駅を設計した

ホヨース宮殿　1891　Rennweg 3　元々はワーグナーの住宅として建てられ後に譲渡された

ホヨース宮殿　1891　レンベェーグ通り 3

ショッテンリング23番地の集合住宅

ショッテンリング23番地の集合住宅　1877　Schottenring 23
世界初のアールヌーヴォー建築といわれるヴィクトール・オルタのタッセル邸より18年も早い建築

オットー・ワーグナー・ジュニア Otto Wagner junior（1864～1945）

オットー・ワーグナーの息子の作品。

オットー・ワーグナーの息子も建築家だったことはあまり知られていない。この可愛らしい住宅はヒュッテルドルフの駅から父オットーのヴィラⅠ・Ⅱと反対方向のシュロス・ベルガッセの坂道にある。

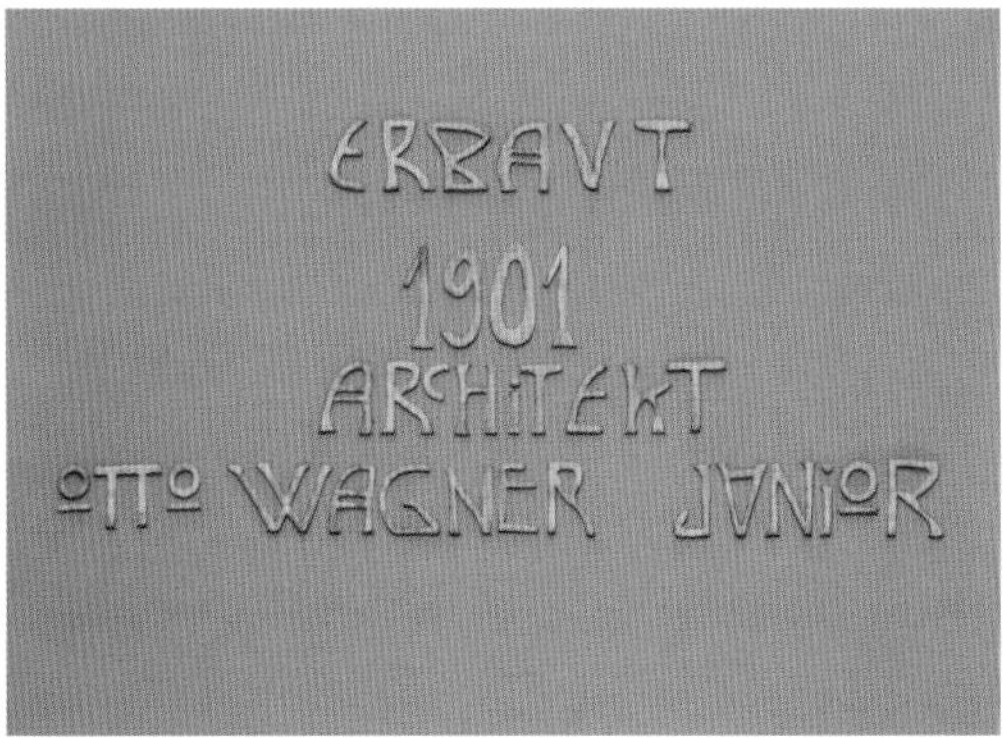

ヴィラ・シュメイドラー

ヴィラ・シュメイドラー　1901　Schloßberggasse 14

ヨゼフ・マリア・オルブリッヒ

Joseph Maria Olbrich（1867～1908）

オルブリッヒはオーストリア領シュレージェンのトロッパウ（今のチェコ・オパヴァ）で生まれる。22歳でウィーンの造形美術アカデミーに入り、ハゼナウアーの講座で学ぶ。1893年にローマ大賞を得て、イタリアからチュニジアまで長期旅行、ローマで建築の基礎を学ぶ。帰国して1894年から芸術アカデミーの教授に就任していたオットー・ワーグナーの事務所で働く。

オルブリッヒは秀れた造形力の持ち主で、ウィーンの新しい芸術運動ゼツェッションの中心メンバーとなり、わずか30歳でウィーン分離派館を設計した。

オルブリッヒの才能に注目したヘッセン大公、エルンスト・ルートヴィヒの招きに応じ、ダルムシュタットのマチルダの丘の芸術家村に出向く。

これ以後、オルブリッヒの活躍の舞台はダルムシュタットに移る。天才オルブリッヒは40歳の若さで、白血病によってその人生を閉じる。

若くしてウィーンを去ったため、ウィーン分離派館以外にはほとんどウィーンに作品を残していない。

ウィーン分離派館　1898　Friedrichstraße 12

ウィーン分離派館
地下ベートーヴェン
フリーズの間
(壁の絵はクリムト作)

ウィーン分離派館
ミューズのレリーフ

ウィーンから鉄道で30分の
ザンクト・ペルテンにある
ステール邸のドローイング
1899
ダルムシュタットに
出向く前の作品

アドルフ・ロース

Adolf Loos（1870~1933）

ロースは1893年にアメリカのシカゴに渡り3年間滞在した。この間、1890年に完成したジョン・ルートのモナドノックビルなど、構造に鉄骨を用い（このビルは鉄骨＋レンガであるが）、装飾を排した高層ビルを見た。

バロックだらけのウィーンに育ったロースにとって、それは貴重な体験となった。

ウィーンに戻ったロースは、装飾の無い建物をコツコツと造り始める。1899年にオルブリッヒの分離派館の近くにできた「カフェ・ムゼウム」は装飾の全くないノッペリとしたカフェだった。

ロースが1911年に王宮の目の前に造ったロースハウスは、ウィーンを論争の渦に巻き込んだ。大半は批判的で、人々は眉毛の無いビルと呼んだ。ロースは著書『装飾と罪悪』を書き、論陣をはった。その後の彼の著書が2冊。それは『誰も聞いてくれなかった』『だがそれでも』だった。

ロースはユダヤ人ではないが、助手がユダヤ人だったため、ユダヤ人社会に受け入れられ、哲学者ヴィトゲンシュタインとは義兄弟の契りを結んだ。

カフェ・ムゼウム　1899　Operngasse

ロースハウス　1911　Michaelerplatz 3

クニーシェ服飾店　1913　Graben 13

「装飾は罪悪である」と主張し、
無装飾を実践したロース初期の建築

シュタイナー邸　1910　St.Veit Gasse 10

アメリカンバー　1908　Kärntner Durchgang　装飾を非難したロースにしてはかなり装飾的な建物

ヨゼフ・ホフマン Josef Hoffmann（1870～1956）

ホフマンはチェコのピルニッツの生まれ。ヨゼフ・マリア・オルブリッヒに次ぐ、オットー・ワーグナーの愛弟子。ワーグナー講座の最初のローマ賞受賞者でイタリア留学。オルブリッヒ亡き後、ワーグナーの正統な後継者といわれた。

ホフマンといえばストックレー邸につきるが、それはベルギーのブリュッセルにある。

ホフマンは１９０３年に設立されたウィーン工房の中心人物。建築に限らず、食器や家具、装飾品なども手がけ、総合芸術を目指した。

住宅作品が多く、ハイリゲンシュタットのWollergasse通りからSteinfeldgasseにかけて４軒の珠玉の住宅が並んでいる。

プリマヴェシ邸　1915

プリマヴェシ邸　1915　Gloriette gasse 18

Spitzer House　1901
Steinfeldgasse 4
ガレージの上に
パーゴラを設け
外観を巧みに調整している

アストハウス
窓上の飾り

Ast House　1909
Stein gasse 2
Wollergasse 12

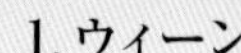

The second Moll House　1911
Wollergasse 10
チェッカーボードホフマンの異名の通り
格子が随所に使われている

Geschäft ALTMANN & KÜHNE　1932　Graben 30

Moser Moll Double House　1901　Steinfeldgasse 8

ストックレー邸　1911
ブリュッセル(ベルギー)

オットー・シェーンタール

Otto Schönthal（1878～1961）

オットー・シェーンタールはワーグナー・シューレの優等生。ローマ賞を取り、イタリア旅行の後、ワーグナーの事務所で働く。図面がうまいことで知られる。後に芸術家協会の会長も勤めた。実作は少ない。

ヴィラ・ヴォイシク　正面入口

ヴィラ・ヴォイシク　窓詳細

ヴィラ・ヴォイシク　Linzer Straße 375

ヨージェ・プレチニック Jože Plečnik（1872～1957）

プレチニックはリュブリャナ（現在のスロベニア）生まれ。オットー・ワーグナーに師事する。ヨゼフ・マリア・オルブリッヒ、ヨゼフ・ホフマンと並んでワーグナー・シューレの三羽烏。独立後、ウィーンに多くのユニークな作品を残す。後に故郷のリュブリャナに戻り、大学教授を務めながら多くの作品を世に出したが、報酬を取らなかったことで知られる。

ツァッヒェルハウス　階段の照明塔

ツァッヒェルハウス　Braudstatte 6
殺虫剤の製造で成功したツァッヒェルのビル

ツァッヒェルハウス　1905　Braudstatte 6

聖霊教会　1913　Herbststraße 82　貧民街に建つ教会。工費を安くするためにコンクリート打放しを選んだ

聖霊教会　内部　Heilig Geist Kirche

ベックガッセの住宅　1901　Beckgasse 30

カールボロメウス広場の噴水　1904　Karl Borromäus Platz

ベイドマーンハウス　1902　頂部詳細

ベイドマーンハウス　1902　Hietzinger Hauptstraße

ステッグガッセの集合住宅　1902　Steggasse 1

ステッグガッセの集合住宅　1902　壁の装飾

マックス・ファビアーニ

Max Fabiani（1865～1962）

ファビアーニはヨージェ・プレチニックと同じスロベニア生まれ。

オットー・ワーグナーの事務所に2年居て、市電の駅舎の設計に携わる。

独立してウィーンで仕事をしていたが、故郷のリュブリャナが大地震に見舞われ、その再建にたずさわることになり帰郷。新しく道路を引き直す大規模な都市計画を作成する。今日のリュブリャナの街並はその成果である。

ウンガーガッセの集合住宅　屋上の手すりと装飾

集合住宅　Ungargasse 19~61　微妙に色の違うタイルの組み合わせが有名

アルタリア・ハウス　1901　Kohlmarkt 9
王宮につづくコールマルクト通りにあり、アドルフ・ロースのロースハウスの至近距離にある
この建物も外観は整形だが敷地は不整形

ウラニア　Uraniastraße 1　大通りの超変形敷地に建つ劇場

その他の建築家の作品

エンゼル薬局　モザイクタイルの装飾

エンゼル薬局　オスカー・ラスケ　1907　Bognergasse 9

Vorwärts（前進）　ヒューバート&フランツ・ゲスナー　1909　Rechte Wienzeile 97

集合住宅　1906　Ferdinand Meissner　Stoesslgasse 2

ペンジンゲル通りのアパート　1911
Josef Schntterer & Kaul Muhlhofer　Penzinger Str.42

カフェと集合住宅　1902　Oskar Marmorek
Hamburger St. 20

集合住宅　1914　Ernst Lichtblau　Wattmanngasse 29

Villa Schopp　1902　Friedrich ohmann & Josef Hackofer
Gloriettegasse 21

ペンジンゲル通りのアパート　1905　Kahl fischl
Penzinger St. 40

市場　1916　Friedrich Jäckel　Naschmarkt
マジョリカハウスの前にある

ペンジンゲル通りのアパート　装飾の詳細
オランダ・アムステルダム派の俊英ヨハン・メルヒオール・ファン・デル・メイのアムステルダム海運ビルを思わせる秀作

Zacherl insecticide factory（ツァッヒェル殺虫剤工場） 1893 Nußwald gasse
ツァッヒェルはプレチニックによるツァッヒェルハウスの持ち主 オットー・ワーグナー、プレチニックのスポンサー

殺虫剤工場のセラミックタイルの詳細

アンカー時計 1914
Franz Von Matsch Hoher Markt 10~12
１時間毎にウィーンの有名人が出てくる仕掛時計
エンゼル薬局の近くにある

グラーベン16番地の店舗付集合住宅　タイルのレリーフ

同左　店舗付集合住宅　1911　Pietro Palombo　Graben 16

店舗付集合住宅　1904　Ernst von Gotthilf　Graben 17　グラーベン通りにある。よく見るとアールヌーヴォー

店舗付集合住宅「ライズナーホフ」 1910
Arthur Baron　Fleischmarkt 1

集合住宅　1899　Josef Drexcer　Hamburger St. 12

Wien river enclosure project
Friedrich ohmann & Josef Hackofer 1901
ウィーンの両岸を修景し、公園としたStadt park（市立公園）

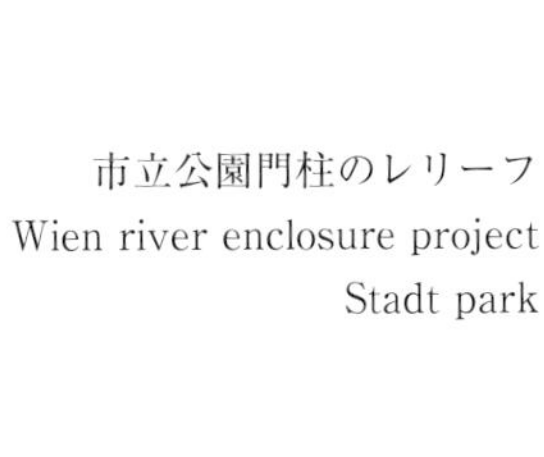

市立公園門柱のレリーフ
Wien river enclosure project
Stadt park

その他のアールヌーヴォー建築

Hadikgasseの集合住宅　Hadikgasse 58

窓囲りの詳細

ウィーンバンクパレス　ヨゼフ・サッシェ　1908
Na Příkopě Street

集合住宅　Rotenturm Str.　かなり手の込んだ装飾がある

集合住宅　Sechshauser Str.110

Hernals 駅前の集合住宅

住宅　Maxing st

集合住宅エントランス

集合住宅　Sechshauser Str.114

住宅　Maxing st

住宅　Maxing st

集合住宅　Sechshauser Str.114

ウィーンに唯一残るシナゴーグ（かつては24もあった）

2 グラーツ Graz

グラーツは人口27万人。オーストリア第2の大都会。14世紀にハプスブルクの支配下に入った。

グラーツ中央駅から大通りを真直に歩いて市庁舎および州庁舎のあるハウプト広場まで2㎞。その一角にある通りシュポアガッセがグラーツアールヌーヴォーの宝庫。

まず2つの建物が隣り合っている。向かって右側の建物。2階の近代的な出窓は、後から改修したとして、それ以外は紛れもなく初期のアールヌーヴォー。何と1880と記されている。1880年といえば、世界初といわれるヴィクトール・オルタのタッセル邸に先立つこと15年。私の研究でもかなり早い方の部類に入る。ウィーン以外にオーストリアには、アールヌーヴォーの資料がなく、第2の都市だから何かあるだろうと、あてずっぽうにやって来た。いきなり1880年に巡り合うとは驚いた。しかも隣りの建物が、これが絵に描いたようなアールヌーヴォー。ヒマワリの花と2人のミューズが私を待っていてくれた。

そしてそのほかにも3棟、変種のアールヌーヴォーがその通りにあった。

さらにシュポアガッセに直交するサックガッセの角にあるエルツヘルツォーク・ヨハンホテル。たたずまいは後期

1880年の店舗付住宅　Spor gasse

2人のミューズ　Spor gasse

1880年の店舗付住宅　Spor gasse　銘柄がある

2人のミューズ　Spor gasse

のアールヌーヴォーだが、店によると1852年の開業だという。貴族の館を改修して開業したというが、1952年なら世界初といってもおかしくない。ヨーロッパでは元から壊して建て直すことはほとんどないので、20世紀初頭に50周年記念とかでアールヌーヴォー様式で改修したものと思われる。

エルツヘルツォーク・ヨハンホテル　Sack gasse

エルツヘルツォーク・ヨハンホテル　Sack gasse

店舗付住宅　Spor gasse

店舗付住宅　Spor gasse

アンネンストリートの建築

中央駅からハウプト広場に向かうアンネンストリートにまずまずの建物2棟。50番地、月桂樹の葉とヤシをデザインした3階建。オープン当時は目をひく建物だったろう。もう一つローズゲルハウス。角地に建つナショナルロマンティシズムで大きな建物。存在感があった。

ローズゲルハウス　Roseger Haus　Annen Str.

アンネンストリート50番地の集合住宅　Annen Str. 50

アンネンストリート50番地の集合住宅

3 インスブルック Innsbruck

インスブルックNO・1のアールヌーヴォー建築

ハプスブルク帝国は1867年に旧ハンガリーを格上げしてオーストリア・ハンガリー二重帝国となった。

旧ハンガリー（ハンガリー、スロヴァキア、セルビアの北部、ルーマニアの北部）には大冊のアールヌーヴォー建築の資料があって、数えてみると357の都市にアールヌーヴォー建築がある。

これに比べて、オーストリアにはウィーンにしか資料が無く、かつ今まで行ったオーストリアの都市にはウィーン以外には全く見つけられなかった。2019年4月20日から5月9日までオーストリア、スロヴァキア、ハンガリーに出かけた。今回の旅行はウィーン以外にもアールヌーヴォー建築がある（または無い）ことを確かめる旅でもあった。6回目のウィーンに4泊して、そして次に行った街がインスブルックだった。

この旅は収穫があった。ウィーン以外にインスブルック、グラーツ、ザンクト・ペルテンに立派なアールヌーヴォー建築があったのだ。ただ、ザルツブルグには無し、リンツも1棟あるのみだった。

レオポルド通りの集合住宅　1902　Anton Bachman　NOTAR　Leopold Str.

インスブルックは人口12万7千人。スイスに近いチロル地方の、周りを3000m級の山に囲まれた盆地にある。

　私が訪れた4月末はまだ山々に白い雪が残り、雪解け水がイン川の水嵩を増していた。

レオポルド通り　NOTAR　全景

　インスブルックで最も有名な建物は黄金の小屋根だろう。その名所を見て、マリア・テレジア通りを凱旋門の方へ歩いてゆく。あった。凱旋門を抜けると右側に上質のアールヌーヴォー建築。

　エントランスにNOTARというサインがある。この地方でもお決まりの1階が店舗、2階から上が集合住宅だ。

　この1棟だけでもインスブルックに来たかいがあったと思った。

レオポルド通り　NOTAR　窓囲り詳細

レオポルド通り　NOTAR　軒飾り詳細

その他のアールヌーヴォー建築

この街にも温泉があり、サルーナーストリートの角に公衆浴場がある。コーナーをうまく処理してあって、母子像の下にステンドグラスがあしらってある。

メラナー通りの写真館の集合住宅は大規模で、よく見るとあじさいや田園風景がカラータイルで描かれている。シドラックストラーセの5階建の集合住宅は端正な正統派アールヌーヴォーである。

そのほかにもマリア・テレジア通りの両側に擬アールヌーヴォーといえる建物が多く建っている。

公衆浴場　Städtische Badeanstalt　窓詳細

公衆浴場（パブリックバス）　Salurner Str.

写真館ビル　軒飾りタイル詳細　Meraner Str.

写真館ビル　壁画

写真館ビル　全景　Meraner Str.

集合住宅
Schidlack Str. 3

ギムナジウムの壁画

集合住宅　Schidlack Str. 3

マリア･テレジア通りの集合住宅

マリア･テレジア通りの集合住宅

4 ザンクト・ペルテン St. Pölten

ザンクト・ペルテンはウィーンから西へ、鉄道で30分。ニーダーエスターライヒ州の州都。

この街はヨーロッパでは珍しく、鉄道駅からすぐにメインストリート、クレムサー・ガッセが始まる。

歩き出す前に角から2軒目に特徴的な建物が目に入る。そう、それはヨゼフ・マリア・オルブリッヒ設計のオーストリアにある数少ない貴重な建物だ。

そのダルムシュタットに出発する直前に設計したのがザンクト・ペルテン駅前のステール邸だった。

ウィーン時代のオルブリッヒは実作が少なく、分離派館、ステール邸以外には住宅2、3作しか知られていない。

このステール邸は1900年に完成する。今、壁にはオルブリッヒのスケッチが掲げられていて、当時のオルブリッヒの作風がしのばれる重要な作品となっている。

ヨゼフ・マリア・オルブリッヒ

Joseph Maria Olbrich（1867～1908）

オルブリッヒは1867年生まれ。ウィーンの国立工芸学校および造形芸術アカデミーに学び、ローマ賞を獲得。イタリアを旅行する。帰国するとオットー・ワーグナーの事務所に勤める。1897年ウィーン分離派が結成され、オルブリッヒが分離派館の設計を担当する。翌年完成するとオルブリッヒの名はヨーロッパ中にとどろいた。

そして、1899年・ヘッセン大公、エルンスト・ルートヴィヒにダルムシュタットのマチルダの丘にできた芸術家村のメンバーとして招かれ彼の地に赴く。

ステール邸　オルブリッヒ本人による完成パース

ステール邸　詳細

ステール邸　軒先詳細

ステール邸　1900　ザンクト･ペルテン

クレムサー・ガッセのアールヌーヴォー建築

ザンクト・ペルテン駅を出ると目の前にかなり大きな集合住宅がある。よく見るとこれがアールヌーヴォー建築だ。つまりオルブリッヒのステール邸とこの建物は隣同士だ。

目を凝らして細部を見ると定番の装飾が随所にあり楽しい建物だ。

クレムサー・ガッセを歩くと、さらにアールヌーヴォー建築にぶつかる。

少し歩くと右側に正統派アールヌーヴォーの集合住宅が見えてくる。さらに本物の皿を使った可愛らしい店舗付き住宅。

左側には無視できないアールデコ

ザンクト・ペルテン駅前の集合住宅

ザンクト・ペルテン駅前の集合住宅　詳細

風の集合住宅。また郵便局はかなり大きな建物でバロックとアールヌーヴォーの混血だが、エントランスの装飾はアカンサス男とでもいうのか秀逸。

最後に市庁舎の柱頭。コリント式の柱頭でアカンサスの葉の代わりにワシのマーク。それも1羽、2羽、3羽とあってとても面白い。

ザンクト・ペルテンの街は歩くだけで幸せになる素敵な町だ。

アールデコ風　集合住宅

クレムサー・ガッセの正統派アールヌーヴォー建築

市庁舎の柱頭　ワシの彫刻

郵便局　エントランス装飾　アカンサス男

クレムサー・ガッセの店舗付住宅　窓飾りは本物の皿

2

ハンガリー

Magyarország
(Hungary)

ハンガリー

Magyarország

私の東欧アールヌーヴォー建築行脚のバイブルともいえる、『世紀転換期のマジャール建築』にはマジャール人（ハンガリー人）が設計した世界の建築が３５７都市に及んで、１棟ずつ掲載されている。国別の内訳ではハンガリー１６０都市、ルーマニア89都市、スロヴァキア78都市、ユーゴスラビア30都市である。

合計３５７都市で、それ以外の28都市はアメリカ、ドイツ、イギリスなど旧ハンガリー以外の国となっている。

この本が出版されたのは何十年か前で、チェコスロヴァキアもユーゴスラビアも1つの国だった。

本著のテーマであるハプスブルク帝国のうち、ハンガリー領には３５７都市にも上るアールヌーヴォー建築がある。これに対し、オーストリア領には首都ウィーンに１５０ほどのアールヌーヴォー建築があるものの、その他の都市にはグラーツ、インスブルック、ザンクト・ペルテン、トゥルンの５都市にしか見つけられなかった。この偏在ぶりの理由については他の項で述べるとして、世界のアールヌーヴォー建築は48カ国で確認されている。私の調査によると世界のアールヌーヴォー建築保有数都市別ランキング上位41都市の合計は約４５４６である。このうち旧ハプスブルク帝国領の建築は２２０５でちょうど半分にあたる。さらにブダペストには９８９のアールヌーヴォー建築がある。つまり世界のアールヌーヴォー建築の２分の１は東欧にあり、ハンガリーには世界の約４分の１あることになる。

本著では旧ハプスブルク帝国領として取り上げる都市は56であるが、そのうちハンガリー分は20都市を取り上げた。

1 ブダペスト Budapest

1867年はハンガリーにとって重要な年である。ハプスブルク帝国皇帝フランツ・ヨーゼフはハンガリーの独立の気運を抑えるためにハンガリーの自治を認め、世界でも珍しいオーストリア・ハンガリー二重帝国の制度を作った。首都ウィーンに加えて、ブダペストも2つ目の首都と定め、独立を半分認めた形になったわけだ。

さらに画期的な出来事は、長い間権利を制限されてきたユダヤ人に市民権を与えたことだった。市民権を得た富裕なユダヤ人は、次々と銀行を造った。19世紀に設立されたヨーロッパの銀行は、ほとんどがユダヤ人によっていたといわれる。その理由は当時キリスト教もイスラム教も利子を取って金を貸すことを禁じていたからである。

人と金が大量にブダペストに入ってきた。都市基盤を造るために旺盛な建築需要が起きた。そしてそれを支えたのがユダヤ資本だった。

レヒネル・エデン パールトシュ・ジュラ

Lechner Ödön (1845~1914)
Pártos Gyula (1845~1916)

レヒネル・エデンは1869年、24歳の時に学友で同い年のパールトシュ・ジュラと事務所を開設した。

レヒネルの手法は長い間歴史主義で、作風が変わったのは1890年にケチケメートの市庁舎の設計コンペに勝ってから。続いて行われた応用美術館のコンペに勝利した後、地質学研究所、郵便貯金局と続きジョルナイ工房のセラミックを多用したそのスタイルは、レヒネルスタイルと呼ばれ、一世を風靡した。

そして彼のもとにはライタ・ベーラをはじめ、コモル&ヤコブ、ヴァーゴー兄弟、バウムガルテン・シャーンドル、クールシ・アルベルト、バウムホルン・リポート、ヤーンボル・ラヨシュなどいずれも建築家として名をなした錚々(そうそう)たるメンバーが入門し、レヒネルを助けた。

トーネットハウス　1889　レヒネル・エデン
レヒネル初期の作品　Váci u. 11/A

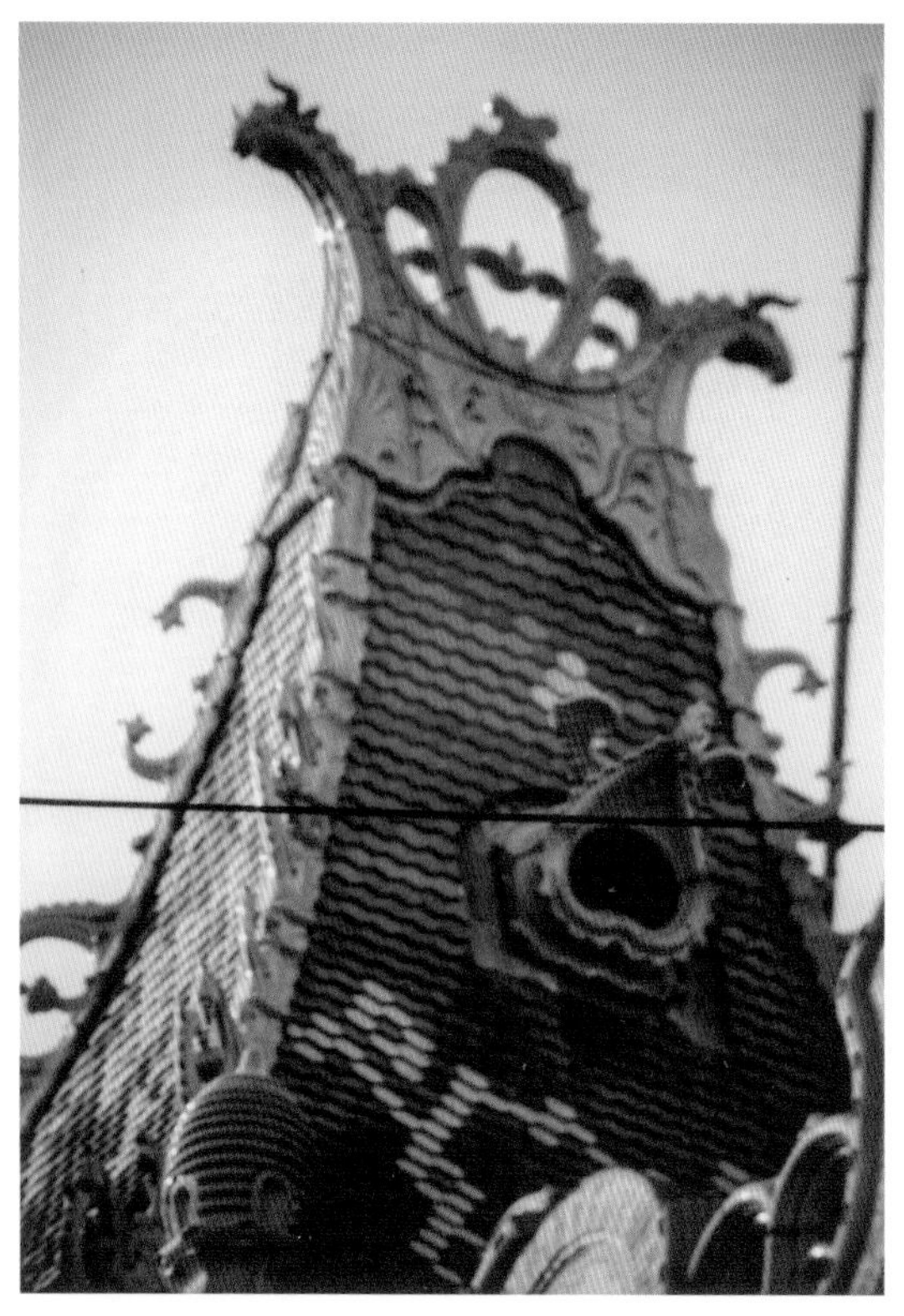

郵便貯金局　屋上の装飾

郵便貯金局　1902　Hold u. 4

郵便貯金局　エントランスホール

地質学研究所　1899　Stefánia út 14

地質学研究所　屋上のモニュメント　地球の地質を研究する重い責任を背負っている

応用美術館夜景　1896　Üllői út 33~37　2019年改装中

応用美術館　エントランスの手すり
皇帝フランツ・ヨーゼフが「鶏のようなものは何か」と質問した

応用美術館　イスラム風の廊下

バーメスアパート　1910　Irányi u. 15
外壁は白大理石をボルトで止めていて、オットー・ワーグナーの郵便貯金局と対比される

シュミードル墓廟　ライタ・ベーラとの共作

シペキ邸　1905　Hermina út 47

ライタ・ベーラ　Lajta Béla（1873～1920）

レヒネル学校の一番の優等生。出自はユダヤ系と思われる。

ユダヤ人墓地にあるシュミードルの墓廟で装飾に秀でたことを証明した。レヒネルの作とする資料もあるがライタの作品が定説となっている。

独立してからの盲人学校やユダヤ人病院ではハンガリーのナショナルロマンティシズム系のデザインだったが１９０９年にはキャバレー・パリジャンではアールデコになり、１９１２年には早くもロージャブルジイビルやヴァース商業学校でモダニズムに到達している。

シュミードル墓廟　1903
レヒネル・エデンとの共作だが実質的にライタの作品
ライタの装飾の才能を示すすごい作品

ユダヤ人病院　1911
Amerikai út 57

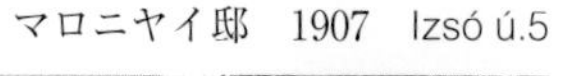

マロニヤイ邸　1907　Izsó ú.5

盲人学校　1908　Mexikói út 52

ヴァース商業学校　1912　パラペットの装飾

ヴァース商業学校　1912　Vas u. 11

集合住宅　1913　コシツェ(スロヴァキア)

ライタは1905年頃から鉄筋コンクリートを用いるようになり、作風もモダニズムの（当時はまだそういう言葉はなかった）シンプルな外観となっていったが装飾を忘れた訳ではなかった。商業学校でもあるいは左写真のコシツェ（スロヴァキア）の集合住宅でもエントランスに印象的な装飾を施している。

ロージャブルジイビル　1912　Martinelli tér 5

キャバレー・パリジャン　1909　Paulay Ede u. 35

ヴァーゴー・ラースロー Vágó László（1875~1933）
ヴァーゴー・ヨージェフ Vágó József（1877~1947）

早くからレヒネル事務所にいた2つ違いの兄弟（兄・ラースロー、弟・ヨージェフ）。

独立後9年間一緒にコンビを組み、全ハンガリー及びルーマニアでも活躍。

グーテンベルグアパートは大規模なアパート。修復が待ち遠しい。

アーケードバザール　1909　Dohány u. 22

アーケードバザール　レリーフ詳細

劇場兼公営住宅(グーテンベルグアパート)　1906　Gutenberg tér 4　とにかく大きなアパートだ

集合住宅　1907　Tolnai Lajos u. 4

シップ通りの集合住宅　1902　Síp u. 16

ヘゲデュース・アールミン
ベーム・ヘンリク

Hegedűs Ármin（1869～1945）
Böhm Henrik（1867～1936）

ブダペストには共同経営の建築事務所が多いが、この2人も1894年からコンビを組み、それは死ぬまで続いた。しかし全てが共同作品ではなく、ヘゲデュースの単独作もあり、大作、ゲッレールトホテル・温泉は他の人とも組んだ。

このホテル・温泉は100周年を迎えたが、今も当時と変わらず営業していて、私のブダペストの常宿ともなっている。

トルコ銀行はこれが銀行かと思うくらい。

ゲッレールトホテル　温泉プール

ゲッレールトホテル　ホテル棟　1918　ヘゲデュース・アールミン　セバスチャン・アーサーとの共作　Szent Gellért 1

ゲッレールトホテル　温泉棟　1918　ヘゲデュース・アールミン　セバスチャン・アーサー　スターク・イシドール

小学校　1906　ヘゲデュース・アールミン

トルコ銀行　レリーフ詳細　1906　Szervita tér 3

Tornay műteremvilla　1907　ヘゲデュース・アールミン　Szántó Béla u

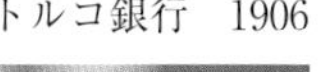

トルコ銀行　1906

ヘゲデュース・アールミン自邸　1905　Szántó Béla u 11/A

集合住宅　1912　Váci út 80

アールカイ・アラダール Árkay Aladár（1868～1932）

画家から建築家に転じただけあって、デザイン力が抜群。初期にデザインしたハボハイ邸（１９０６）はアールヌーヴォー史に残る出来栄えだが戦災を受け、元通りには修復されなかった。

作風がナショナルロマンティシズムに変化した改革派協会が有名。正面のタイルも自分でデザインした。

ブダの丘の上には彼のデザインした建売住宅と思われる高級住宅が６軒並んでいる。

改革派教会　1913　Gorki Fasor 7

改革派教会　エントランス

ローマカトリック教会　1923　Csaba u. 5

ハボハイ邸　当時の写真
今は改変され、見る影も無い
おそらく爆撃で壊されたと思われる

建売住宅の連作　1913　Ráth György u. 24

建売住宅の連作　1913　Ráth György u

建売住宅の連作　1913　Ráth György u

コーシュ・カーロイ

Kós Károly（1883～1977）

コーシュ・カーロイはデザイナーでもあったが、理論家だった。

早くから民族的建築に着目し、「フィアタロク（若者たち）」を結成し、土着の建築を調査し、実践した。

市立動物園の園舎はその実践であり、それはまるで人間のための住宅に見える。

1926年のブダペスト郊外、ヴェケルレ住宅団地の開発はすでにアールヌーヴォーが終焉したと思われていた時代で、ハンガリーで第1次世界大戦後もアールヌーヴォーが続いていたことを証明する貴重な例である。

その団地は実験的ではあったが、完成度が高く、迫力がある。

相棒ズルメッキ・デジューは同じフィアタロクのメンバーでコーシュを助けたが、34歳で夭折した。早すぎる死であった。

ヴェケルレ住宅団地　1926　ズルメッキ・デジューとの共作　Kós Károly tér

ヴェケルレ住宅団地
1926
ズルメッキ・デジュー
との共作
Kós Károly tér

市立動物園　1912
ズルメッキ・デジュー
との共作
Állatkerti krt. 6~12

市立動物園
ナショナルロマンティシズム
に分類される急勾配の屋根は
トランシルバニア地方
(ルーマニア)に多い
これらのデザインは
北欧のフィンランドと
感応している

バーリント・ゾルターン
ヤーンボル・ラヨシュ

Bálint Zoltán（1871～1939）
Jámbor Lajos（1869～1955）

パリ万博のハンガリー館の設計で知られる。２人の共同事務所で、デブレツェンの市庁舎やバヤ・マーレのキラリーホテルなど大規模な建物を建てた。

ブダペストには彼らの設計の端正な集合住宅が多く残っている。

ザラ・アトリエ兼住宅はレヒネル事務所時代のラヨシュの作品で相方の作品とされている。

パリ万博ハンガリー館　1900　当時の写真

パリ万博ハンガリー館　1900　当時の写真

レードラーアパート　1898　Bajza u. 51

ザラ・アトリエ＆住宅　1901　ヤーンボル・ラヨシュ　Ajtósi Dürer sor 25/A
レヒネル・エデン事務所時代の作品。レヒネル作とする資料もある

Korányi-ház　1908　Váci u. 42　バーチ通りはアールヌーヴォー建築の宝庫である

Baruch-ház　1899　細かい装飾はゴシック風味、ゴシックアールヌーヴォーに分類される　Bajza utca 44

バウムガルテン・シャーンドル

Baumgarten Sándor（1864～1928）

バウムガルテン・シャーンドルはブダペスト工科大学を卒業後、ドイツ、イタリア、フランスで修行。レヒネルの事務所でも腕を磨いた。

学校の近代化を進める文化庁のヘルツェーク・ジグモンドに認められ、ハンガリー領内に約300校に上る学校を設計した。学校建築の権威。

ハンガリーには160の都市にアールヌーヴォー建築があるが、数多くの都市に彼の設計した学校があり、しかもデザインは変化に富んでいる。

盲人学校

盲人学校　1904　Ajtósi Dürer sor 39

エルジェーベト女子学院　1902　Ajtósi Dürer sor 37

エルジェーベト女子学院　窓詳細

クールシ・アルベルト

Kőrössy Albert（1869～1955）

バロックからアールヌーヴォー、アールデコまで何でもこなす天才的建築家。
物件によって組む相手も変わった。
大成功した建築家の1人で、彼の自邸は驚くほど美しい。
クールシのキャッチフレーズは「アールヌーヴォー、バロック、フォークロア」。

クールシ自邸　セバスチャン・アーサーとの共作　1899　Gorki Fasor 47

クールシ自邸　窓飾り

クトネブスキーアパート　1910　キース・ゲーザとの共作　Kristóf tér 6
クールシ・アルベルトのアールデコに到達した作品

クールシ自邸　パラペット装飾

バラバースアパート　1899　セバスチャン・アーサーとの共作
Március 15. tér　右半分は後に増築している

ワルコーアパート　1901　Aulich u. 3

住宅と商店ビル　1911　Váci u. 14　クールシの装飾は繊細で可愛い

農業銀行　1912　キース・ゲーザとの共作　Münnich Ferenc u. 16　バロック風味のアールヌーヴォー
1910年にクトネブスキーアパートでアールデコに到達しているのに銀行となると途端にデザインを回帰させている

コモル・マルツェル
ヤコブ・デジュー

Komor Marcell（1868～1944）
Jakab Dezső（1864～1932）

レヒネルの門下で量的に大成功した出世頭。トゥルグ・ムレシュの市庁舎、文化宮を皮切りにスボティツァ（セルビア）の市庁舎、同じくシナゴーグ、オラデア（ルーマニア）の黒鷲ホテルなど非常に質の高い建物を設計し、ハプスブルク帝国の地方都市を席巻した名コンビ。

首都ブダペストでは壊されたものもあり作品はあまり現存しない。

パレスホテル　1910　Rákóczi út 43

リゲットサナトリウム　1909　Benczúr u. 47

コルブ・フローリシュ
ギエルグル・カールマーン

Korb Flóris（1860～1930）
Giergl Kálmán（1863～1954）

2人して多くの作品を残した。どちらかというと歴史主義的傾向が強く、リスト音楽院はこれがアールヌーヴォーかと思うほど古典的だがこれが1番有名で、名建築とされている。内部は絢爛豪華。

コルブは晩年レヒネル協会の会長を務めた。

リスト音楽院　1階ホール

リスト音楽院　1907　Liszt Ferenc tér 8

巨大な集合住宅　1911　Vörösmarty tér 3

クローチルド・マンション　1901　Szabad sajtó út 5
上部はバロック風味だが下にいくほど、近代に向かっていてアールヌーヴォー建築の１つとしてリストに載っている

ビダー・エイミル

Vidor Emil（1867～1952）

ペスト生まれ。若くしてドイツに出てミュンヘン、ベルリンに学ぶ。

ハンガリーに戻ってからは主にブダペストで活動した。驚くほどの多作人。集合住宅が多い骨太の建築家だが、住宅などの細かい装飾にも秀でていた。

ビダー・エイミル自邸　1905　Gorki Fasor 33
主屋根の右に塔があったが失われている

ビダー・エイミル自邸
当時の写真

エゲル邸　1902
当時の写真（現存せず）

ビダー・エイミル自邸　1階窓周り

集合住宅　1906　Népszínház u. 22

ビダーマンションのフクロウのレリーフ

ベデーアパート　1903　Honvéd u. 3

ビダーマンション　1905　Liszt Ferenc tér 2
ビダーはデベロッパーとしても活躍した

ベネス・イムレ

Benes Imre（1875～?）

ハンガリーは第2次世界大戦に枢軸国側で参戦したが、大戦末期に同盟国のドイツに攻められ、その後ソ連に爆撃を受け占領される。2度の攻撃でブダペストはドイツのベルリン、ポーランドのワルシャワに次ぐ大被害を受けた。

戦後人々は忠実に再現し復興を果たしたが、この集合住宅と近くにあるハボハイ邸はそのとおりにはいかなかった例。

集合住宅　1903　Dózsa György út 100

集合住宅　当時の写真

Szladits villa　1909
Ida u. 3

ロマーン・ミクロシュ

Román Miklós（1879～1945）

名前からしてロマンチックだが、ブダペスト生まれでブダペストで多くの仕事をした以外詳しくは分からない。

ビーロー通りの住宅　1910　Bíró u. 6

グルデンアパート　窓上の装飾
何やらインドの鳥居を思わせる

ゴールドシャイダーアパート　1913　Síp u. 16

グリックマンアパート　1913　Rumbach Sebestyén u. 6

クヴィットネル・ジーグモンド Quittner Zsigmond（1857～1918）

ペスト生まれ。ミュンヘンで学ぶ。23歳でブダペストに戻る。

作品としてはマジャール商業銀行とグレシャム・パロタしか記録されていないが、グレシャム・パロタはデザインの密度、規模ともに他を圧していて、この1作で歴史に名を残している。保険会社のビルとして建てられたが、今は超高級ホテル、フォーシーズンになっている。

設計にはヴァーゴー・ヨージェフが協力した。

グレシャム・パロタ

グレシャム・パロタ

グレシャム・パロタ　インテリア

グレシャム・パロタ　1907　Roosevelt tér 5　元・グレシャム保険会社　現・フォーシーズンホテル

オットー・ワーグナー

Otto Wagner（1841~1918）

いわずと知れたウィーンの大建築家のごく初期の作品がブダペストにある。ブダペストにはシナゴーグが20以上あったといわれていて、そのうちの1つ。ブダペストの建築家ではなく、ウィーンのワーグナーというところが面白い。

レンガ積の伝統的な作風で、私が見た時は修復中だった。写真に入りきらない大きな建物。

シナゴーグ　1873　Rumbach Sebestyén u. 13

オットー・ワーグナーのブダペストにおける唯一の作品。アールヌーヴォー草創期で珍しい

ナジィ・イシュトヴァーン

Nagy István（?～1945）

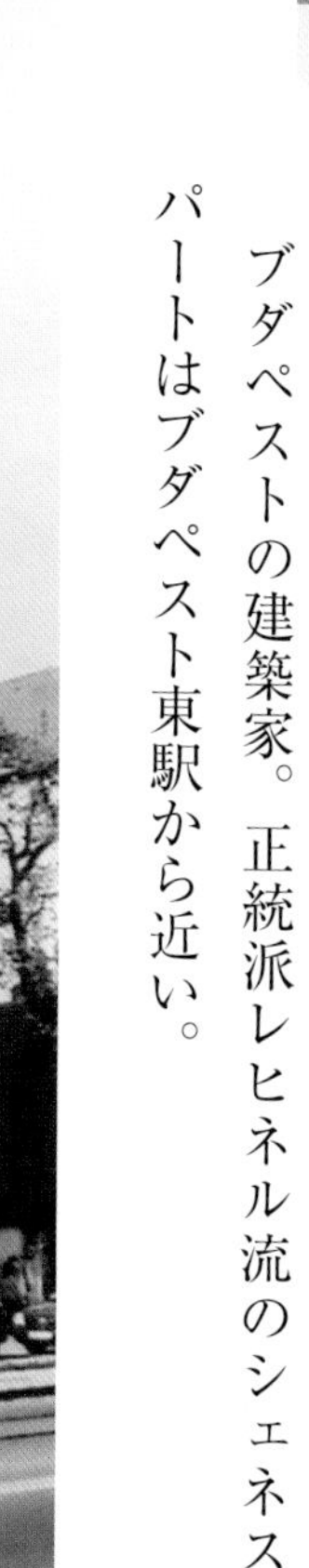

ブダペストの建築家。正統派レヒネル流のシェネスアパートはブダペスト東駅から近い。

シェネスアパート　1906　Thököly út 46

職人用集合住宅　1907
Szűz u. 5~7

職人用集合住宅
窓周り

その他の建築家の写真

オクトーバー通りの集合住宅
ジェークリィ・デジュー　Október 6. u. 16~18

学校エントランス　Vándor Sándor

オクトーバー通りの集合住宅　レリーフ

ラーコーツィ86の集合住宅

集合住宅　破風飾詳細　キース・ゲーザ　1909　Rákóczi út 86

スタッフェンベルグ
アパート
フィッシャー・ヨゼフ
シーア・イシドール
1905
Pesti Barnabás u. 6

アトリエ・アパート
コズトラーニィ・
カーン・ジュラ
1902
Mányoki út 1

集合住宅　窓上飾
ナジィ＆ベネディクト
1910
Váci út 52

ブダペスト　アールヌーヴォー建築 アラカルト（その1）

ブダペストには989件のアールヌーヴォー建築があり、ほとんどの建築の設計者、用途、建築年が分かっている。

オーライ通りの集合住宅　1909
Schoditsch Lajos　Orlay u. 9

シャンゼ邸　1908　シュピーゲル・フリジェス
Népköztársaság útja 101

集合住宅　レリーフ　1910　レフラー・ベーラ
Székely Bertalan u. 2/B, 2/C

ライオンのいる家　1905　マトウシェク・フェレンツ
Cházár András u. 5

集合住宅　1905　バーン・デジュー　Landler Jenő u. 18

ベルヴァロシ銀行　1913　Schmahl Henrik
Felszabadulás tér 5

集合住宅　1909　キース・ゲーザ　Kossuth Lajos u.15

玄関ドアの装飾

ハラーアパート　1907　フォードル・ジュラ
Gyulai Pál u. 16

Piatschek-ház　1908　レフラー・ベーラ＆シャーンドル
Aradi u. 57

マジェコフスキー通りの集合住宅　1909
アゴストン・エミール　Majakovszkij u. 14

集合住宅　1908　レフラー・ベーラ＆シャーンドル
Síp u. 17

1908　フェールツル・デジュー　Vas u. 17

子供の家　1907　フォードル・ジュラ　Gyulai Pál u. 16

Melling-haz　1911　Ráday u. 14
デーネス・デジュー＆メリンガー・アーチャー

学校　1904　ベーム・ジャノス　Dózsa György út 21

ブダペスト　アールヌーヴォー建築アラカルト（その2）

ブダペストのアールヌーヴォー建築は一軒一軒、丁寧に設計されており、この頁のように一括りに掲載するのはもったいないくらい。本当は全てについて解説したいほど。

集合住宅　1902　Paulay Ede u. 37
ハイデルベルグ・シャーンドル＆ヨーナーシュ・ダヴィド

シューラー邸　1910
ベネデック・デジュー　Ida u. 2

バージャ通りの住宅　1908
フレンド・ビルモス
Bajza u. 31

集合住宅　Ráday u. 22

Wei-naz（アパート）
ナジィ＆ベネディクト
Dózsa György út 19

ゴールドマン・アパート　1911
カルヴァリー・ジュラ
Dózsa György út 19

集合住宅　ラコーチ通り17

Mezey Sándor　1900
メゼー・シャーンドル
Fischer ház　Jósika u. 25

Szénássy és Bárczai áruháza　1908
ヨーナーシュ・ダヴィド＆ジーグモンド
Martinelli tér 2

集合住宅　1908
レフラー・ベーラ、シャーンドル
Sip u. 17

Áru-és 集合住宅　1897
コルブ・フローリシュ、ギエルグル・カールマーン
Kossuth Lajos u. 10

ドーザ通りの集合住宅
フォードル・ジュラ　1909
Dózsa György út 64

旧パリジャン・デパート　1912
ジークライ・ジーグモンド
Andrássy út 39

集合住宅　Ráday u. 54

集合住宅　Váci u. 8

シナゴーグ　1859　Dohány u. 2~8

集合住宅　1901　Váci u. 15
マヨロシイ・ゲーザ
ホフハウザー・エレク

集合住宅　Váci u. 8

センテシュ（ハンガリー） Szentes

ハンガリー南方のセンテシュには、資料によると16のアールヌーヴォー建築があって、一度は行ってみたいと思っていた。

ソルノクからホードメゼーバーシャールヘイに向かう途中、トーマスクックの時刻表に載っていない鉄道があって、それに乗ったのだが、偶然センテシュの駅に数分停車した。しかしそこは駅舎はおろか、駅前に何もない原野だった。人もタクシーもいないところに向かうのは厳しいので後回しになっていた。２０１９年4月、ブダペストのホテルに泊まっていて、ふと名案が浮かんできた。バスだ。バスで行こう。バスなら街の真ん中につく。フロントで調べてもらったら午前8時発の急行で10時には着く。そして勇躍バスに乗り込んだ。バスはセンテシュに着いてコモル&ヤコブのペトーフホテルの前を通り、バスターミナルへ。早くも歩き出す。一番にホテルを探す。なかなかない。やっと民宿のようなホテルを見つけるが満室。聞いてみると街はずれにもう1軒民宿があるだけだという。

ガイドブックも何もなく情報がない中で考えた。メイン通りを歩いてもコモル&ヤコブのホテル以外に目立った建物がない。バスの時間を見ると11時にケチケメート行きがある。

それにしよう。ケチケメートは何度も行ったがここから近く、しかも良い建物が多い。急いでペトーフホテルに戻り、写真を撮る。たまたま今は修復工事中で半分は足場がかかっている。しかも街路樹が大きくなりすぎて、写真が撮りづらい。でも来ただけで十分とバスターミナルへ帰る。10時について11時に出発。たった1時間のセンテシュだった。

ペトーフホテル　正面破風

ペトーフホテル　コモル&ヤコブ

2 セゲド Szeged

セゲドはハンガリーの東南の端、ルーマニアとセルビアとの国境に近い。人口16万人。

ティサ川とマロシュ川が合流する地の利があり、11世紀頃は塩貿易で発展した。(ティサ川は南下してドナウ川と合流する) 1879年にその川の氾濫で、セゲドは壊滅的な打撃を受けた。その復興の時期がアールヌーヴォー建築の最盛期と重なったため、この町には数多くの、しかも有名建築家の作品が多く残されている。

マジャール・エーデ Magyar Ede (1877~1912)

この町で最も有名な建築家は何といっても、マジャール・エーデだ。彼の作品の中でも最高傑作はレウクパレスだろう。Reök palota なのでレウクパロタなのだが、私はレウクパレスと呼んでいる。レウクとはモチーフになっているアヤメかなと思ったが違う。辞書にないので固有名詞だと思われる。もともとは集合住宅として建てられ、その後銀行になった。なのでその名前または愛称と思うが、銀行でもらったパンフレットでもマジャール・エーデの作品集でもわからない。

私は1997年と2018年と2度セゲドを訪れた。前の時も美しかったが、2度目はピカピカ。あやめの花も紫に塗り替えられていた。

世界でも最上位にあげられるアールヌーヴォーらしい建物だと思う。

『世紀転換期のマジャール建築』にセゲドには46件の記載があり、そのうち15件がマジャール・エーデだった。15件のうち銀行2件、集合住宅11件、住宅2件を設計している。35歳で早逝したのが惜しまれてならない。

レウクパレス　入口詳細

レウクパレス　詳細

レウクパレス　窓詳細

レウクパレス　1907　Lenin krt 56

アンガーマイヤーアパート　1911　Kárász u. 16

Szamek Villa
Bolyai János u. 15
窓詳細

Herczegh-hás　1910　Jósika u. 14

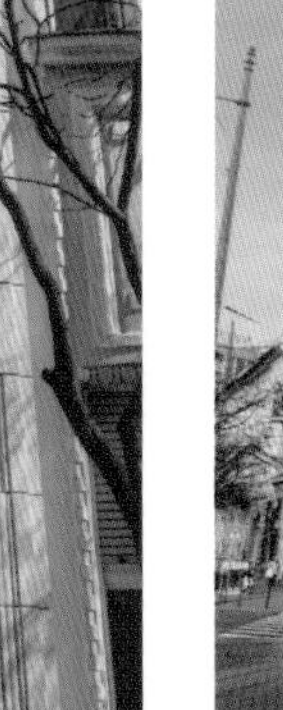

改革派宮殿　1911　Kálvin tér 2

ライヒレ・フェレンツ

Raichle Ferenc（1869~1960）

マジャール・エーデの対抗馬はライヒレ・フェレンツだ。現在のセルビアのスボティツァで派手派手のライヒレ宮殿を建てて、一花も二花も咲かせたが、何かの事情でセゲドに移った。

ライヒレはセゲドでも自邸（ライヒレ・パロタ）を建て、同じ時期に伯爵宮殿も建てた。どちらも似たような外観で、ジョルナイ工房のセラミックが美しい建物だ。伯爵宮殿の方は20年前と比べて、西日にさらされたせいか模様が少し薄くなっていた。ライヒレのセラミックを用いた集合住宅は人気があって、市内に7件が現存する。いずれも1907年から1910年にかけて建てられている。

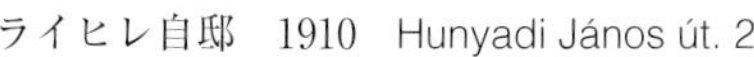

ライヒレ自邸　1910　Hunyadi János út. 2

伯爵宮殿　1910　Lenin krt 18~20

集合住宅

集合住宅　1910

集合住宅

レヒネル・エデン

Lechner Ödön（1845~1914）

大物といえばレヒネル・エデンの作品が2点ある。1つはドイチェとエルデーイのアパートだ。横に長い建物だが、レヒネル様式で建てられていて、ジョルナイのセラミックが効果的に使われている。

もう1件は市庁舎だ。1883年の作品で、アールヌーヴォーではないが、屋根瓦に緑のジョルナイ製品を使って、その後のレヒネルの大成功につながる重要な作品だ。

ドイチェとエルデーイのアパート　1901　Dózsa György út 2

市庁舎　1883

バウムホルン・リポート

Baumhorn Lipót（1860～1932）

さらに特筆すべきはバウムホルン・リポートのシナゴーグだ。24件のシナゴーグを設計したリポートだが、その中で最も美しい作品がこのセゲドにある。初めて見た時はとてもシナゴーグには見えず、何かの宮殿だと思ったほどである。中に入ることもできて、少しイスラム建築にも似ている。天井のデザインは美しいの一言。

このシナゴーグは隣地にユダヤ教の教会区庁舎を伴っており、セゲドでもユダヤ人の勢力が強かったことがわかる。

シナゴーグ(内部)

ユダヤ系に強かったリポートはこの町でシナゴーグ・ユダヤ教会区庁舎、２つの銀行、２つの集合住宅を設計している。

この時代の銀行は全てユダヤ資本であったことは衆知の事実である。

シナゴーグ　1904　Jósika u

チョン・グラード銀行　1904
Horváth Mihály u. 9

Izraelita hitközség tanácsháza
（ユダヤ教会区庁舎）　1903
Gutenberg u. 20

その他のアールヌーヴォー建築

集合住宅

アンナ温泉　1896　Tisza Lajos krt. 24

レグドンハウス　Spiegel Frigyes　1910　Dózsa György u. 5

集合住宅

ミューラーハウス　ミューラー・ミクシャ
1911　Magyar u. 11

Villak　コータイ・パール　1903　Lechner tér 2

3 ホードメゼーバーシャールヘイ Hódmezővásárhely

ハンガリーの都市は長い名前が多い。ホードメゼーバーシャールヘイは16文字もある。もっとも上には上があって、Balatonszentgyörgy は何と18文字もある。

この町はチョン・グラード県の都市。人口4万4千人。アールヌーヴォーの町セゲドと15㎞も離れていないせいか、この町にもたくさんのアールヌーヴォー建築がある。『世紀転換期のマジャール建築』には何と46ものアールヌーヴォー建築が記録されている。

さて、Hódmezővásárhely の長い名前を分解すると、Hód はビーバー（海狸）、Mező は野外、Vásár は市、Hely は場所、何となく市の成立がわかるような気がする。

駅に着いてタクシーを探すが1台もない。仕方なく歩き始めて、そのうち車のそばで立ち話をしている若い男2人に道を聞くと、ホテルまで送るという。有り難い。結局無料で送ってくれた。ほとんどのハンガリー人は英語を話すので、礼も言いやすかった。

途中道が直角に曲がる所に白いシナゴーグがあった。かなり大きいもので、形も良い。ミューラー・ミクシャの設計。

さらに少し走ると可愛いピーコック・ハウスがある。

シャーンディ・ジュラ Sándy Gyula（1868～1953）

ホテルに着いてびっくり。ホテルの真ん前にデザインの凝ったユーリ・カジノ（上流階級向けカジノ）がある。シャーンディ・ジュラの設計。シャーンディ・ジュラはブダペストの建築家。作品はブダペストにとどまらずブラチスラヴァ、トゥルグ・ムレシュ、ホードメゼーバーシャールヘイ、カポシュバールと多方面にある。特にレンガ風のタイルのデザインに秀でている。

先述のシナゴーグはユダヤ教の教会。カジノはこの時代ユダヤ人の社交場だったので、この町もハンガリーの地方都市に多い、ユダヤ人が活躍した町だと推察される。

泊まったホテルは町一番のホテルで HOTEL GINKGO ギンコウと読む。ますます金持ちの町に見えてくる。トルニカイ・ヤーノス・ミュージアムもジュラの設計。

ユーリ・カジノ
1900
Zrínyi u. 1

ユーリ・カジノ
窓詳細

トルニカイ・ヤーノス・ミュージアム
1905
Szántó Kovács János u. 16

ミューラー・ミクシャ

Müller Miksa（1875～1923）

早速、町へ出る。ホテルのすぐ隣の広場に貯蓄銀行がある。大きな建物で、全体はバロック風だが、細部は見てのとおり、アールヌーヴォー。作者はシナゴーグと同じミューラー・ミクシャだ。

この銀行を左に曲がるとザーントー・コバーツ・ジャーノス通りで、ここがこの町一番の通りで、歩行者天国。この通りは大体、両側とも2階建で、1階が店舗、2階が集合住宅。すぐにミューラー・ミクシャの黄色の集合住宅。その隣の白いのも同じミクシャ設計。彼はこの町のエースだが、作品以外のことはあまりわかっていない。

この通りには他にもいくつものアールヌーヴォー建築がある。そしてさらに進んで行くと、カジノと同じ設計者、シャーンディ・ジュラの博物館がある。カジノと同じタイルを使った重厚な造りである。

貯蓄銀行　1907　Kossuth tér 5

貯蓄銀行　エントランス柱頭

集合住宅　1910
Szántó Kovács János u. 2

集合住宅　壁飾詳細

集合住宅　1908　Szántó Kovács János u. 4

シナゴーグ　1908
Tanácsköztársaság tér

マジャール・エーデ

Magyar Ede（1877~1912）

ピーコック・ハウスの裏手の方に、何とマジャール・エーデの住宅がある。エーデにしては地味な住宅だが、屋根上の飾り窓は、「さすが」と思わせる。

シモン邸　窓詳細

シモン邸　1914　Kinizsi u. 1

ボルゾ・ヨーゼフ

Borsos József（1875～1952）

そして大分郊外になるが、ボルゾ・ヨーゼフ設計の改革派教会が2つある。レンガ造りのキリスト教教会で、やはり従来の教会とは一線を画したデザインで、この系統の教会は、アールヌーヴォー建築と認められている。

ホードメゼーバーシャールヘイの街をぐるぐる歩いてみて、今でも人口4万の町に46ものアールヌーヴォー建築があることが不思議でならない。

ユダヤ人がアールヌーヴォー建築に果たした役割が大きいことが、近年わかってきた。この町の事ももっと調べてみる必要がありそうだ。

ボルゾ・ヨーゼフはホードメゼーバーシャールヘイで生まれ、後年デブレツェンに移住。彼の地で没した。そのため有名な警察署をはじめ多くの作品がデブレツェンにある。

スサーニ改革派教会　1910　Tornyai János u.

タバーニ改革派教会　1906　Marx u 78

ピーコック・ハウス

引き返してシナゴーグの方に向かうと、孔雀をあしらったピーコック・ハウスが見えてくる。リフォームされていてとても可愛い、美しい。平屋のアールヌーヴォーが各地にあるがなぜか、美しい。

その近くのノベンバー広場に設計者不明の良い建物がある。2階建の小品だがバランスが良い。

ピーコック・ハウス　窓上のシンボル

ピーコック・ハウス
Andrássy út

ノベンバー広場の集合住宅
November 7 tér 3

アディ・アンドレ通りの住宅

市庁舎から駅に向かうアディ・アンドレ通りは住宅街で、とびとびに6軒のアールヌーヴォーが並んでいる。

アディ・アンドレ通りの住宅

窓詳細

アディ・アンドレ通りの住宅

アディ・アンドレ通りの住宅

ネープケルト駅

アディ・アンドレ通りの突き当たりがネープケルト駅で、ジョルナイのセラミックと思われる飾り柱があって面白い。

ネープケルト駅(ジョルナイ工房の柱)

4 カポシュバール Kaposvár

カポシュバールはハンガリー西部の都市でショモジ県の県都。人口6万4千人。

『世紀転換期のマジャール建築』にはハンガリーで4番目に多い36件のアールヌーヴォー建築が掲載されている。36件というのはかなりインパクトのある数字で気になっていたが、妙に遠いのと、他のアールヌーヴォー都市とは離れて孤立しているので、これまで後回しになっていた。セーケシュフェヘールバールという小さいが面白い町を見つけたついでに行くことにした。

カポシュバールはそこからホニョードまで行き、鉄道を乗りかえて1時間の所。

ホニョードまではバラトン湖の南岸を延々と走る。バラトン湖はいわずとしれたハンガリー第一の保養地で温泉もある。湖に面する場所は全て高級リゾート地である。鉄道はおおむね湖から200mぐらいの所を走るのだが、線路の湖側が例外なく高級別荘で、反対側は普通以下の家なのが面白かった。カポシュバールは人口の割に大きな町で、市庁舎と教会のあるコシュー・ラヨシュ広場が街の中心で、その回りに繁華街や住宅が拡がっている。道路はおおむねゴバン目でわかりやすい。

私の泊まったカポシュホテルもこの広場に面していて、眺めがよく気に入って2泊し、町を徹底的に歩いた。

シカーズ・イムレ Csikász Imre (1884~1914)

この町で1番の建物は広場から近いLatinka Sándor通り4の集合住宅である。アダムとイブが手を結び合っているレリーフが2対ある。なのでアダムとイブと命名されている。

像は両方とも古びて、服もはげているが、全体で見るととても美しい。設計者はCsikász Imreとあるが、名前だけでそれ以外は何もわからない。この通りは2、3、4、5番地と向かい合って4軒が全てアールヌーヴォー建築である。

集合住宅　アダムとイブ　1906　Latinka Sándor u. 4

アダムとイブの像

マジャール・エーデ

Magyar Ede（1877～1912）

カポシュバール駅のすぐそばにとんでもない大物があった。数が多い割に有名建築家の作品がないので、いまひとつ地味なカポシュバールなのだが、駅前にあったのはマジャール・エーデの劇場。今修復中で、駅前にあるのに降りた時には気がつかなかった。それだけに感動も大きい。

マジャール・エーデはセゲドのスター建築家。セゲドから遠いので、コンペで設計を勝ちとったと思われる。

工事のオジさんに怒られながらも侵入して写真を撮ったが、仮囲に当時の写真があった。しかもカラーで。

大きな大きな建物だ。

何年か後に修復が完了したらオペラなどが開催されるだろう。中に入れないので判定できないが、規模や外観において世界のどこにも負けない劇場だと思った。

広場の近くにも、もう一つ良い劇場がある。少し新しい。

劇場（修復工事中）

劇場（当時の写真）　スタール・ヨゼフとの共作　1911　Rákóczi tér

ランピン・ヨーゼフ　Lamping József（1881～1939）

ランピン・ヨーゼフはカポシュバールに銀行、劇場、教会付属集会場、住宅及び自邸など6軒が記録されていて、この街で1番多作の建築家である。おそらくこの町の建築家と思われる。

自邸が残っていて、それはとてもカラフルに塗られている。近くにある改革派教会付属集会場が地味なことを考えると、この色は後世の人が塗り替えたのではないかと思われる。もし、最初からだとすればそれは凄いことだ。

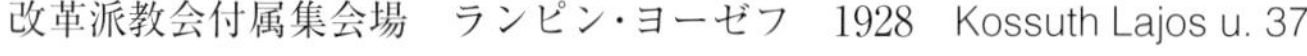

改革派教会付属集会場　ランピン・ヨーゼフ　1928　Kossuth Lajos u. 37

後期アールヌーヴォー　ランピン・ヨーゼフの名前がある銘板

ランピン自邸　ランピン・ヨーゼフ　1928

シャーンディ・ジュラ Sándy Gyula（1868～1953）

コシュー・ラヨシュ通りの北詰に形の良い教会がある。ハンガリーの多くの都市に見られる改革派（カルヴィン派）の教会である。設計したのはホードメゼーバーシャーヘイのカジノを手がけたシャーンディ・ジュラである。ここでもレンガ風のタイルをうまくあしらっている。塔上のドームが秀逸。

改革派教会　1928　シャーンディ・ジュラ　Kossuth Lajos u. 39

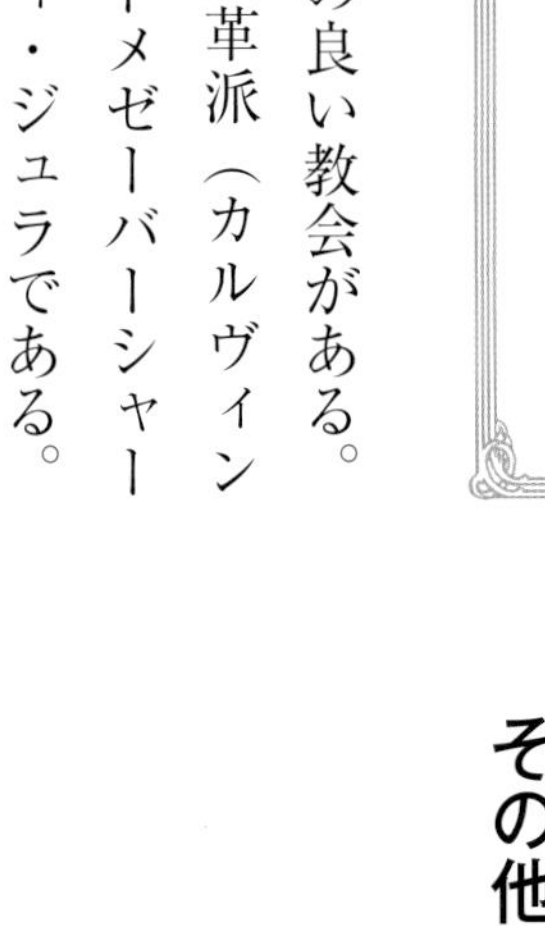

その他の建物

集合住宅の装飾

集合住宅

集合住宅　Horváth Andor　1910

住宅街の建築物

広場から北の方へ歩いていくと住宅街。大きくなった街路樹の向こうに秀作がいくつもある。コシュー・ラヨシュ通りの師範学校。元々は住宅だったが、転用された。ギリシャ風だが上手にデザインされている。

この前にはこれまた良くデザインされたリスト・フェレンツ音楽学校がある。この建物も元々は住宅だった。建物のトップに座っているのは音楽家リストのようだが、最初から座っていた訳ではないので、リフォーム時にうまく座る場所を造ったのだろうと思った。

師範学校　Kossuth Lajos u. 26

リスト・フェレンツ音楽学校　1909　Kossuth Lajos u. 21

アディ・アンドレ通りの集合住宅

もう1つ形が良いのが広場から延びるアディ・アンドレ通りの集合住宅。設計者不明。商店街の中にあって、鶴のように気高く建っている。

アディ・アンドレ通り　集合住宅

集合住宅　Latinka Sándor通り

アディ・アンドレ通り　Corona-Szallo(コロナホテル)

塔の装飾　Corona-Szallo

ドーザ通りの建物

Dózsa通りに街のパンフレットにも載っている写真館があるので行ってみる。淡いグリーンに塗られていて、形も良く綺麗な建物だ。人の出入りもあって、現役なのが良い。隣の黄色い建物は住宅だが、L型平面で、商店街にあって激しく自己を主張している。

写真館　Himmler Dezső　Dózsa György u.

Dózsa György通りの住宅

劇場

5 ケチケメート Kecskemét

ケチケメートはブダペストの東南約70㎞にある。人口約11万人（2014年）。古くから農業が盛んな土地柄だ。

ブダペストに近いだけあって、有名建築家による作品が数多くあり、ハンガリーでも有数のアールヌーヴォー都市。

レヒネル・エデン Lechner Ödön（1845～1914）

このケチケメートの人達に決定的な刺激を与えたのはレヒネル・エデンだった。彼は1890年にケチケメート市庁舎のコンペに当選。1893年から工事が始まり1896年に完成した。

実はレヒネルは1883年にケチケメートの南、ルーマニアとセルビアとの国境に近いセゲドに市庁舎を完成させている。

セゲド市庁舎は外観こそ従来のスタイルから大きくは変わっていないが、ペーチにあるジョルナイ工房の屋根瓦を初めて使い、その美しい緑の屋根でセゲドの市民を魅了したのだった。

レヒネルはケチケメートの市庁舎の屋根を同じジョルナイの瓦で葺き、その外観は従来のゴシックでも、ルネッサンスでもバロックでもない独特のもので、山吹色の壁が夕陽に映えてそれはそれは美しかった。そして玄関ホールの天井はジョルナイのセラミックが貼られコリント式の列柱こそ残っているが、後にくるアールヌーヴォーを予見させる建物だった（今は当時と違い、外壁はピンクに塗られている）。

ケチケメートはブダペストに近いだけに、大きい建物の設計はブダペストの建築家に委ねられたことが多かったが、ケチケメートの建築主はこの市庁舎のデザインを超える

ナジクールシ通りの集合住宅　レヒネル・エデン　1887　Nagykőrösi út 14

ケチケメート市庁舎　レヒネル・エデン　1896

ものを期待した。当時も今のように建築届は必要だったので、建築家は当然、市庁舎に出向く。そこで市庁舎を研究し、形、色、その他市庁舎を超えるデザインを考えた。そういう訳でケチケメートには質の高いアールヌーヴォー建築が生まれたと推測される。

もう１つ注目すべき建物がある。ナジクールシ通りにある集合住宅だ。２階建ての小さな建物でレヒネルの設計。１８８７年の完成で、世界初といわれているブリュッセルにあるオルタのタッセル邸の完成１８９５年よりかなり早い。窓の上や柱飾りにモルタルで形造られた女神像が配されたいかにもアールヌーヴォー的な建物だ。

市庁舎内部

マールクシュ・ゲーザ

Márkus Géza（1872～1912）

ケチケメートで最もアールヌーヴォー的建物は1902年のブダペストの建築家マールクシュ・ゲーザによるカジノだ。はじめは住宅もついていたようだ。当初は「ユダヤ人カジノ」と呼ばれていた。現在は装飾宮殿と呼ばれギャラリーになっている。

1867年のユダヤ人解放令以後、ハプスブルク帝国各地に銀行が設立され発展した。そのほとんど全部がユダヤ人の資本によるもので、力を蓄えたユダヤ人達のよりどころがシナゴーグ（教会）であり、専用の社交場がカジノであった。

この街でもシナゴーグとカジノが隣り合って建っている。面白いのはこのユダヤ人カジノの隣に、9年後に「農業カジノ」ができたことだ。通りの角をL型に占領した大きな建物で、これもアールヌーヴォーの衣装を纏っている。このビルは今の農協にあたる団体のビルにもなっていた。なんとなく当時の人々のせめぎあいが聞こえてくるようで楽しい。

装飾宮殿 1902 マールクシュ・ゲーザ ラーコーツィ通り(Rákóczi út 1) 昔・ユダヤ人カジノ 現在・装飾宮殿と呼ばれている

メンデ・バレール
Mende Valér（1886～1918）

市庁舎より15年ほど遅れて天才が現れる。わずか24歳にしてカルヴァン派のギムナジウムと福音派教会のアパートを設計したメンデ・バレールだ。

ギムナジウムはとても若者とは思えないフォルムと洗練された細部を持っていて、初めて見た時はアールヌーヴォーか否かと悩んだことだった。3度訪れた今はケチケメート、ナンバー1の建物だと自信を持っていえる。それにしても玄関前の木が大きくなりすぎて、写真が撮りづらい。

カルヴァン派のギムナジウムと法学校
（現・コダーイ音楽研究所） 1913 Széchenyi tér

福音派協会のアパート 1911 メンデ・バレール Széchenyi tér

ジャンスキー・ベーラ ジベッシー・ティボール

Jánszky Béla（1884～1945）
Szivessy Tibor（1884～1963）

ジャンスキー・ベーラはハンガリーの地方都市エズド生まれ。ジベッシー・ティボールは同じく南のセゲド生まれ。同い年の2人は共にブダペストに出て、後に共同で事務所を開く。

ハンガリーの伝統的な勾配屋根を持つ建築が得意で、ケチケメートにユダヤ人アパート、農業カジノ以外に4軒の建物を設計している。ソルノクの農業銀行も手がけた。

作品はハンガリーにとどまらず、スロヴァキアのコシツェにまで及んでいる。

26年前のユダヤ人アパート　1993.11.13

ユダヤ人アパート　ジャンスキー・ベーラ＆ジベッシー・ティボール　1907　Széchenyi tér

農業カジノと農協ビル全景　1911

農業カジノと農協ビル　レリーフ

農業カジノと農業協同組合ビル　1911　Rákóczi út 3~5

コモル・マルツェル
ヤコブ・デジュー

Komor Marcell（1868～1944）
Jakab Dezső（1864～1932）

この街の典型的アールヌーヴォー建築はコモル&ヤコブのイパロシュ・オトンと隣のジャンスキー・ベーラによるユダヤ人アパートだ。両者は隣り合って立っていて、ケチケメートの街を明るく彩っている。

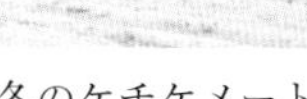

冬のケチケメート

イパロシュ・オトン（商業の家）　1906　Széchenyi tér

コルブ・フローリシュ
ギエルグル・カールマーン

Korb Flóris（1860～1930）
Giergl Kálmán（1863～1954）

この時代ヨーロッパでは多くの貯蓄銀行や農業銀行が建設された。コルブ・フローリシュとギエルグル・カールマーンの農業銀行もその１つ。２人の最高傑作はブダペストの「リスト・フェレンツ音楽院」だがこの作品も歴史主義的アールヌーヴォー建築。

農業銀行　1909

農業銀行　1909　Szabadság tér

その他の建築

旧市街を出て住宅街に行くとコダーイ・ゾルターン広場の囲りに12軒の住宅がある。メンデ・バレールとコモル&ヤコブの住宅は古びていて使われていないが、Budai Dezső通り4と8の住宅はリフォームされて美しい。特に4では庭木が邪魔で写真で苦労していると美人の奥さんが帰ってきて中まで入れてくれた。

最後にフェレンツ・エルケル通りにとても可愛い建物があった。リストには載っていないがよくできている。こういう建物が各地に存在するが、きまって平屋である。

少し離れた所に広大なユダヤ人墓地があった。『世紀転換期のマジャール建築』にはケチケメートに計35軒の建物が地図付で掲載されている。

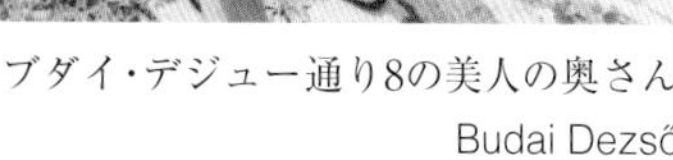

ブダイ・デジュー通り8の美人の奥さん
Budai Dezső

ブダイ・デジュー通りの住宅　Budai Dezső fasor 8

住宅　コモル&ヤコブ　Széchenyi tér körút 20

Hajdú villa　メンデ·バレール　1910　Irinyi u 10

住宅　Irinyi u 6

住宅　Budai Dezső fasor 4

住宅　Ady Endre u 6

住宅　Irinyi u 6

高等学校　1914　Löllbach Kálmán & Zaboreczky Ferenc　Dózsa György út. 3

集合住宅　シャ・ユドル・イシュトヴァン　1894, 1920, 2005　Rákóczi tér

フェレンツ・エルケル通りの家　現・クラブ　Ferenc Erkel

ケチケメートのシナゴーグ

6 ソルノク Szolnok

ソルノクはブダペストとルーマニアのアラド、ティミショアラを結ぶ鉄道の中間にあり、交通の要衝である。ティサ川の畔にあり、マラムレシュ地方で産する岩塩の集散地として知られている。人口約8万人。

この町にも多くのアールヌーヴォー建築がある。建物が集中しているのがSágvári通りで、14、16、18、19、22、28と並んでいる。

最もユニークなのが28番地の三破風館。元は桶屋である。現在は1階が貸店舗、2階が住宅になっている。なかなか造形に長けていて、窓周りのレリーフも手が込んでいる。いろいろな角度から写真を撮っていたら50枚も撮ってしまった。

建築年は1912年だが、設計者不詳。もう1つの秀作は大物、コモル&ヤコブ設計の住宅。19番地にある。均整のとれた建物で特に中央の明かりとり窓が良い。玄関の装飾もキレイだ。もう1つコモル&ヤコブ設計の農業銀行がコシュー・ラヨシュ通りにあった。

16番地、18番地のアパートもそれぞれによい。

泊まったティサホテルの前にマールクシュ・ゲーザ設計の劇場があったはずだが、残念ながら建て替わっていた。

またハプスブルク帝国に24ものユダヤ教会（シナゴーグ）を設計したバウムホルン・リポートのシナゴーグがあるはずだが見つけられなかった。

信用銀行はアールヌーヴォーとは思えなかったが、リストにあったので載せてみた。

『世紀転換期のマジャール建築』には30件のアールヌーヴォー建築が記載されている。

三破風館（元は桶屋）　設計者不詳　1912　Ságvári krt 28

三破風館
1912

Ságvári通りの住宅　窓詳細

三破風館　窓詳細

Ságvári通りの住宅
コモル＆ヤコブ
1908

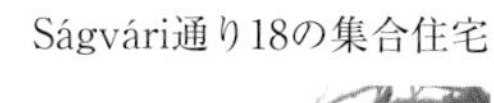

農業銀行　コモル&ヤコブ　1900　Kossuth Lajos út 5

Ságvári通り18の集合住宅

Baross通りの店舗付住宅

Ságvári通り16の集合住宅

Ságvári通り14の集合住宅

信用銀行(Hitel bank)
ジャンスキー・ベーラ&
ジベッシー・ティボール
1912

7 ペーチ Pécs

ペーチはハンガリーの西南にあり、セルビア、クロアチア両方の国境に近い。

人口は15万人。ハンガリー第5の都市である。

14世紀に国内最古の大学が創立された文教の町だ。

1543年から150年にわたってオスマントルコに占領された時期があり、市内中心部にモスクがあったりして、イスラム文化の影響も受けている。

一方、キリスト教の大聖堂もあり、またユダヤ教のシナゴーグもあり、ユダヤ人もかなり住んでいたことがわかる。

『世紀転換期のマジャール建築』には30のアールヌーヴォー建築があり、そのうちの10件が地元の建築家ピルヒ・アンドールのものである。それらの建築に「行けば会える」とたかをくくって、資料を持たずに出かけていった。

ペーチ駅を出ると目の前に早くも巨大な建物があり、明らかにアールヌーヴォー建築なのだが、樹が大きく、しかも建物が巨大なので全景がつかめない。とりあえず見える所の写真を撮って、庭に入ると機関車が鎮座している。

駅に戻って聞いてみると鉄道の本社だという。

帰国して資料を見ると当時の写真が載っていた。ハルビンの東清鉄道本社にも匹敵する巨大な建物だ。


これは凄い。ペーチはアールヌーヴォー建築の宝庫だと予感に胸が震えた。しかし実際に町を歩いてみてアールヌーヴォー的意匠にはどんどん出合うのに、肝心のアールヌーヴォー建築にさっぱり出合わない。

市庁舎の前にあるはずのジョルナイの本店すら、道路の区画が変わっていて、影も形も無い。

結局出会えたアールヌーヴォー建築は先述の鉄道駅と、宿泊したパラティヌシュ・シティ・センターホテルのみ。ただし、このホテルには十分堪能した。

ホテルには設計者ピルヒ・アンドールのことを書いた冊子があり、1915年にできたとある。

リニューアルされていて、内部はとても美しい。大理石とジョルナイのセラミックを巧みに使い、古典的モチーフも織りまぜて、ロビーはまるで竜宮城のよう。

レストランもこっていて、天井の木組みが美しく、壁にはモザイクタイルで孔雀のレリーフがあった。

結局アンドールの作品にお目にかかったのはこの1作のみ。あとは資料にある1907年のペーチ博覧会の写真で見るだけ。しかし、モノクロ写真でこの美しさ。博覧会の建物はその場限りとは知りながら、一目見てみたかったと

マジャール鉄道　本部ビル　Jeney Ernő　1917

スポーツパビリオン(現存せず)

マジャール鉄道　本部ビル(当時の写真)　Jeney Ernő　1917

ペーチ博覧会パビリオン(現存せず)　ピルヒ・アンドール

ペーチ博覧会パビリオン(現存せず)　1907
ピルヒ・アンドール

残念な思いがしきり。

この日の失敗をもとに、以後、新しい町に行くときは、2泊はして、資料があれば必ずコピーして持っていき、現地で地図を買って、通り、番地を調べて、しらみつぶしに歩くことにした。苦い思い出がよみがえる。

といっても無収穫だった訳ではない。

翌日、ジョルナイのギュギコレクションを見て大興奮。セーチェニ広場の両側には県庁舎、市庁舎があり、アールヌーヴォーではないが、ジョルナイセラミックをふんだんに使ってあり、面白かった。

また、市内にはレヒネル・エデンが多用した屋根瓦の建物がたくさんあり、楽しめた。さらに郵便宮殿には巨大なセラミックがのっていて、その大きさに圧倒された。

市庁舎の脇にある噴水が有名だが、行ったのが冬で凍結防止の為、板で覆われていて見えず、ピルヒ・アンドールの数少ない現存作品なのに残念だった。

一夜明けて、ジョルナイ工房に行く。「ジョルナイクォーター」といい、広大な工場をそのまま展示場にしたもの。ここにギュギ博士のコレクションがある。

前日市内のジョルナイ博物館に行き、それなりに満足したが、アールヌーヴォーあり、伊万里風あり、種々雑多だった。2階にあるギュギコレクションも似たようなもので、何か物足りなさを感じていた。

帰りかけてふと見ると、地下にアールヌーヴォーコレクションがあると書いてある。

はやる気持ちを抑えて地下に下りる。

一瞬我が目を疑った。地下室いっぱいにエミール・ガレのコレクションがある。

しかしよく見るとガレのガラス器ではなく磁器である。しかも完全なアールヌーヴォーで、その発色はガレ以上に豊かで怪しい。

調べてみると1893年に技師ヴァルダがエオシン琺瑯（ほうろう）という釉薬（うわぐすり）を発明して、それまでと違う圧倒的な魅力を持つ焼き物ができたのだった。

私はその200点あまりの作品の全てを写真に撮った。シャッターを押すたびに感動が溢れてくる。

作られた年代を調べてみると1899年から1902年までのものが多い。想像するに1900年のパリ万博に出品されたものと思われる。

この博覧会にはガレも出品していたはずなので、入場者は期せずして、ガラス器と磁器の歴史的作品を同時に見たことになる。

私は興奮を抑えきれないまま、次の町に向かうため迎えのタクシーに飛び乗った。

パラティヌスシュ・シティ・センターホテル　男女像

パラティヌスシュ・シティ・センターホテル　1915
ピルヒ・アンドール　写真は双翼の片翼　Király u. 5

パラティヌスシュ・シティ・センターホテル　ロビー

シナゴーグ　1869　ペーチには複数のシナゴーグがあったが現存するのはここのみ

パラティヌスシュ・シティ・センターホテル　階段室

ギュギコレクションの建物

ジョルナイ・ギュギコレクションの玄関装飾

ジョルナイクォーターの塔

ジョルナイ磁器

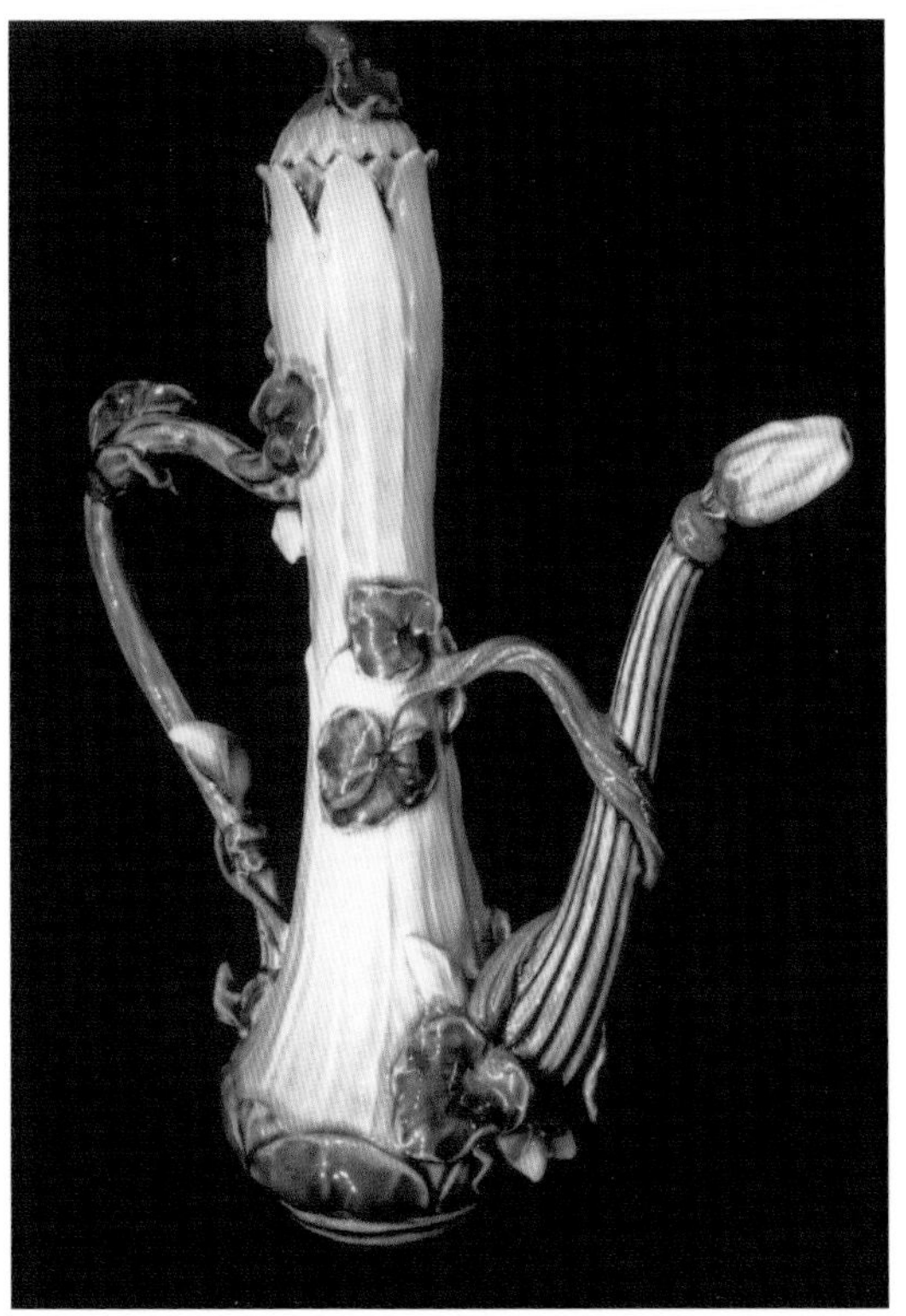

ジョルナイ工房　エオシン琺瑯の磁器　1900年頃の作品
ギュギコレクション

ジョルナイ磁器

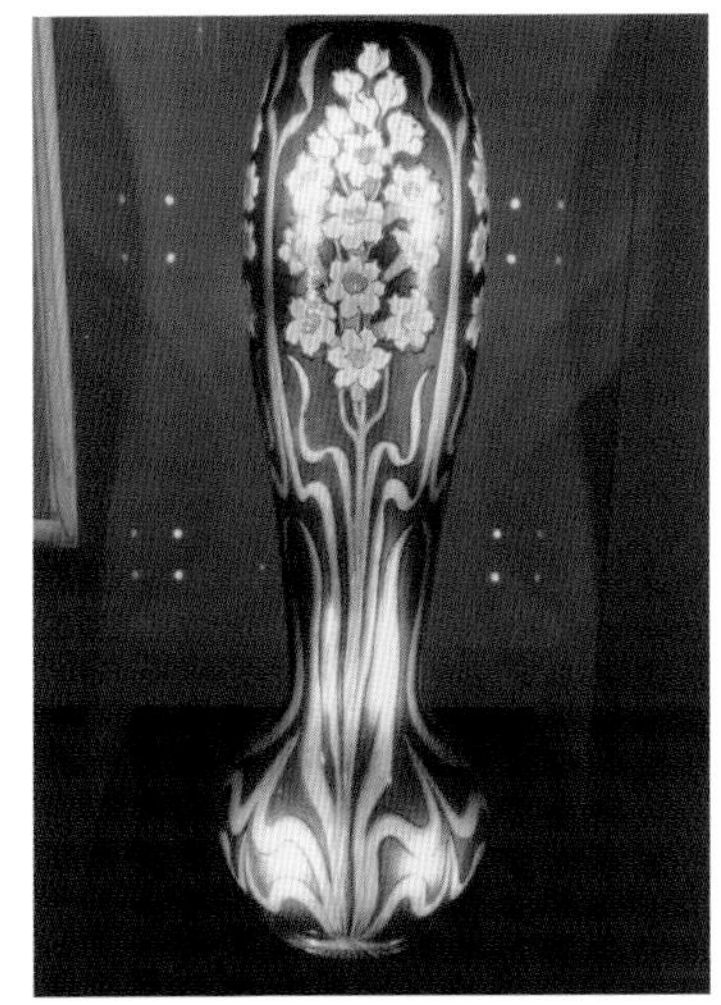
ジョルナイ磁器

ジョルナイ磁器

ジョルナイ磁器

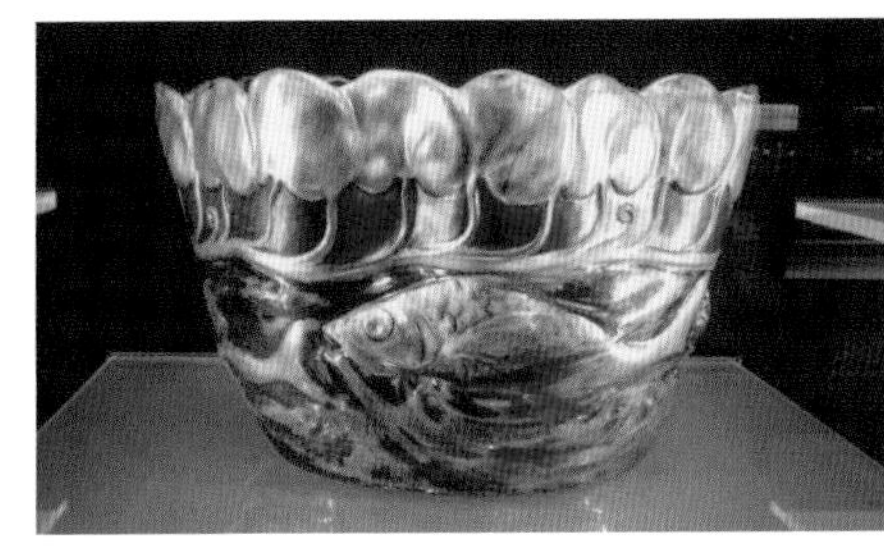
ジョルナイ磁器

県庁舎ジョルナイのレリーフ

ジョルナイ焼　ホテルのサイン

郵便宮殿　巨大なジョルナイの装飾

8 デブレツェン Debrecen

デブレツェンはハンガリーの東端にあり、人口約20万人。ハンガリー第2の人口を持つ。

そして3つの総合大学と3つのアカデミーを持つ学園都市でもある。

14世紀に起こった宗教改革で、この町のカトリック教会が閉鎖され、カルヴァン派の信者のみが居住を許された珍しい町だ。

1848年から1849年の独立戦争では短い間だが、ハンガリーの首都になった。現在でも国際学会が開かれるなど、文化度の高い町である。

この町のアールヌーヴォー建築は、多くが駅前からカルヴァン派大教会にいたる一本道、ピアツ通りにある。前にはVörös Hadsereg通りと名付けられていた。

わずかに1・2㎞の通りに魅力的な建物がひしめいている。

バーリント・ゾルターン Bálint Zoltán（1871～1939）
ヤーンボル・ラヨシュ Jámbor Lajos（1869～1955）

この街で最も目立つ建物はリアツ通りの市庁舎と第一貯蓄銀行である。この2つはほぼ並んで建っている。2つとも西向きに建っているため、夕方になると2つの建物が夕陽を浴びて美しく光り、再び昼のような明るさを取り戻す。

市庁舎を設計したのはバーリント・ゾルターンとヤーンボル・ラヨシュである。2人は1897年から共同で設計を行い、それは26年続いた。活躍の場は主としてブダペストであった。

2人はこの町に2つの建物を設計している。市庁舎と改革派司教館である。どちらも大規模な建物で、特に市庁舎はバーゼル市庁舎を思わせる赤い砂岩が使われていて、印象が深い。

市庁舎議場

デブレツェン市庁舎　1913

市庁舎　1913

改革派司教館　1913　バーリント・ゾルターン、ヤーンボル・ラヨシュ　Hatvan u.

リマノーティ・カールマーン

Rimanóczy Kálmán（1870～1912）

リマノーティ・カールマーンはいわずと知れたオラデアのスター建築家である。42歳で夭折したが、デブレツェンにも大作を残した。オラデアの中央貯蓄銀行の姉妹版である。大通りの角地に建つその建物はピクチャレスクで実に美しい。

さらに特筆すべきはそのアイアン・ワークである。いくつかの出入口に見事な彫刻が見られる。

第一貯蓄銀行　1910

第一貯蓄銀行　1910

第一貯蓄銀行　エントランス

第一貯蓄銀行　入り口ドア

ボルゾ・ヨーゼフ

Borsos József（1875～1952）

ボルゾ・ヨーゼフはハンガリーのホードメゼーバーシャールヘイで生まれ、この地デブレツェンで没した。

この警察署はピアツ通りから横に入ったコシュー・ラヨシュ通りにある。1階が警察署で上が官舎になっているようだ。私は普通の建物だと思い、勝手に中に入って守衛にとがめられ、刑事に1時間絞られた。

デブレツェン警察署　1915　Kossuth u.

デブレツェン警察署　玄関詳細

ボブラ・ヤーノシュ

Bobula János（1871～1922）

ボブラ・ヤーノシュはブダペストの建築家。駅前の財務局ビルと教会を設計している。

ギリシャカトリック教会　1910　Attila tér（当時の写真）

財務宮殿　1914　Kossuth u. 12～14

その他のアールヌーヴォー建築

グランド・ホテル
1910
Hajós Alfréd &
Villányi János

市民パサージュアパート
1911
パブロビッツ・カーロイ
Piac u. 26~28

用途不明

ピアツ通りの集合住宅　窓周り詳細

ピアツ通りの集合住宅

大学病院　コルブ・フローリシュ　1914～1927　Nagyerdei krt.（当時の写真）

9 バラシュシャジャルマト Balassagyarmat

ブダペストの北、スロヴァキアとの国境近くの山の中にバラシュシャジャルマトはある。この山の中の町に25ものアールヌーヴォー建築があるという。前から気になっていたが、交通の便が悪く後回しになっていた。

そしてとうとうその日がやってきた。ドナウ川が大きくその流れを変えるドナウベンドの町、バーツに泊まった翌朝、バラシュシャジャルマト行のバスに乗ったのだ。

山の中を走るバスは30㎞の道のりを2時間かかって走った。道はキレイに舗装されているのだが、超、各駅停車で、1㎞ごとに止まる感じ。時には大回りして、山の中へ入ってゆく。

おかげでハンガリーの森林部に住む農家の状況を垣間みることができた。ハンガリーは全土がほぼ大平原で、わずかに国境あたりに山というより高原があり、高原を開墾して農業をやっている。ハンガリー人のことを現地ではマジャール人と呼ぶが、元々は中央アジアの砂漠地帯に居た遊牧民だった。そんな彼らがおよそ1100年前に肥沃な土地を求めて、移動してきて、定住した訳だ。

そしてそこに住んでいた民族は「玉突き的に移動していき、それがゲルマン民族の大移動につながった」といわれている。

さて、バスは町についたが、郊外で、さっぱり方角がわからない。何となく人が動く方向についてゆく。

ここで愕然とした。通り名、番地を示してあるリストが無い。バーツの民宿に忘れてきたようだ。心を静めて思い出してみると、この町はいくつかの通りに5つも6つも建物があった。Bajcsy, Deák, Rákóczi などが多かった。

とにかく市庁舎に行けば何とかなるだろうと歩いてゆくと、早くもそれらしいものが現れてきた。通りの名前を見るとRákócziだ。「ヨッシャ、この通りだ」と心が弾む。番地を見ると26番地だ。前を見ると25番地にも2軒並んでアールヌーヴォー建築だ。そしてもう一度、元に戻ると26番地の隣に2軒並んである。27番地はライオンのレリーフがあり、28番地は女神をあしらった、なかなかしゃれた造り。そして少し歩くと郵便局がある。

その数軒隣が市庁舎。マゴス・デジューの設計。厳密にいうとアールヌーヴォー建築とはいえないが、この街の代表的建築として資料にも載っているし、ネットにも出てくる。

Rákóczi通り27番地の集合住宅

Rákóczi通り左27番地　右25番地の集合住宅

28番地の集合住宅　Rákóczi fejedelem útja 28

Rákóczi通り26番地の集合住宅

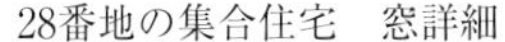

28番地の集合住宅　窓詳細

市庁舎　1913　Rákóczi útja 12

市庁舎の周りにはアールヌーヴォーではないが、好感の持てる公共建築らしいものがたくさんあった。

　市庁舎の前を左に曲がると、そこにはBajcsy Zsilinszky通りで、記憶がある。

　5番地にグリーンとえび茶に塗り分けたちょっと面白い建物があり、その隣が女学校だ。かなり大きい建物で女学校らしく、女教師と女の子達のレリーフがある。今は共学だと書いてあって、男女共に出入りしていた。

　そしてその隣の9番地がとても良い住宅。

　壁の一部がはげ落ちているが、全体はとてもキレイ。正面が2面あって、オルブリッヒのグリュッカート邸を思わせる。建物に銘板が貼ってあって、写真を撮って、後で調べたら、「バラシュシャジャルマト出身で、勇敢な王立飛行隊の兵で、陸軍中尉の記念碑」と書いてあり、わずか22歳で死んだという。

　圧巻はその隣、11番地の住宅だ。

　ウクライナのキエフ・ウラジミール大聖堂を飾る翼をもった大天使ミカエルと同じようなレリーフがあり、窓はゴシックの尖頭アーチ。玄関の飾りも可愛らしく、私は「この町1番の建築」だと思った。

　少し戻って今度はDeák通りだ。まるで昔、この町に住んでいたような感覚で町を歩ける。角の2番地の建物の玄関が秀逸、あとで調べてもリストに無い。こういう面白い建物は決まって平屋だ。

　デアーク通りを歩くと、まずカラー煉瓦で縁取りをしたレヒネル流の住宅があった。さらに、11番地は大きな住宅で、全体はカラーモルタル塗りだが、上部はハーフティンバーになっている。

　通りの最後も大きな住宅。木の持送りが横でなくタテに使ってあるのが珍しい。

　今は保育園になっている。

　デアーク通りが終わり、直角に曲がるコシュード通りをゆくと、スタート地点に戻る。そこにとても古びているが、ボウウインドウを持った「私はアールヌーヴォーです」と主張している建物があった。修復されれば美しい建物になるだろう。

　たった2時間、ガイドもなしに歩いて、25のリストアップされた建築の3分の2を見ることができた。

　小腹が減ったので、ハンバーガーを食べながら、バス停に戻り、ブダペスト行のバスを待つ。

　帰国して、資料を整理しながら、「なぜこんな山の中の町に25ものアールヌーヴォー建築があるのだろう」と考えてみた。

　思い当たるフシがある。ネットでバラシュシャジャルマ

女学校のレリーフ

女学校(今は共学)　Bajcsy u. 7

Bajcsy通り9の住宅(正面の左下に銘板がある)

郵便局と集合住宅　Rákóczi 29

Deák Ferenc u. 7～9の住宅

Bajcsy通り11の住宅窓詳細

Bajcsy-Zsilinszky u.11の住宅

トを検索すると、立派なシナゴーグが出てくる。さらに見ていくと気になる建物が出てきた。

ハンガリー語でイスラエル墓地（歴史建造物）と書いてあり、今は図書館になっているという。

さらに辞書で引くとジャルマトは植民地の意味だ。19世紀末の地方都市の経済は、金融の力で、ほとんどユダヤ人が押さえていたのは疑いがない。

このバラシュシャジャルマトはユダヤ人の入植地ではないだろうか。

ユダヤ人の金融があって初めてアールヌーヴォー建築が多く建てられた事実が少しずつ分かってきている。

ブダペストから60㎞と離れていないこの地に、ブダペストからはもちろん、ポーランドあたりからスロヴァキア経由で希望を持ってユダヤ人達が楽園をつくろうとしたのでは……と夢は拡がる。

さらに深く調べてみる。今はネットで大抵のことがわかる便利な時代だ。

出てきた。題は「ユダヤ人の共同生活区・バラシュシャジャルマトの歴史」だ。もちろん英語で。

やはりここはユダヤ人のコミュニティで独立した司法権を持っており、19世紀中頃に成立。ポーランドやスロヴァキアから多くのユダヤ人が避難してきた。そして１００年間この町は栄えた。しかし、ナチスの手はこの町にも及び約２０００人が強制労働やガス室へ送られるために、デス・キャンプへ送られ、戦後帰還できたのはわずか１３６人だったという。

ここでヒットラーについて少し書く。

第2次世界大戦は、ドイツ、イタリア、日本の主導で始まったが、旧ハプスブルクのハンガリー、ルーマニア、ブルガリアはドイツ、イタリア、日本の枢軸国についた。

しかし大戦末期になってありえないことに、ヒットラーは味方であるハンガリーのブダペストを爆撃し、侵入してきた。目的はただ1つ。ユダヤ人の財産目当てだ。

ヒットラーは自国ドイツにおいて「ユダヤ人撲滅」の法律を作り、殺し、財産を収奪した。もちろん銀行も。非道な法律が議会で成立したのは、その時代の風潮がそれを許したのであろう。

自らもユダヤ人の血をひくヒットラーの目的「ユダヤ人の撲滅」は、目的ではなく手段であった。つまり、世界帝国を目論むヒットラーの「戦費調達」であったと私は考える。

第2次世界大戦末期、ブダペストは、今度はスターリンのソ連による2度目の爆撃を受ける。今の街並はブダペストの人々による修復、再生への情熱のたまものである。

バラシュシャジャルマトから帰って1カ月。原稿を書きながら、その時を思い出す。いろいろな背景がわかった今、「もう一度行ってみたい」と思う私がいる。

※バラシュシャジャルマトへはブダペストからも行ける。バスで約2時間。バーツからの2倍の距離があるが、道が良く直行便がある。

保育園(元は住宅)　Deák Ferenc u. 19

Deák Ferenc u. 11の住宅(正面)

Deák Ferenc u. 2　用途不明

Deák Ferenc u. 11の住宅(横面)

Bajcsy通り5の住宅

シナゴーグ(当時の写真　現存せず)

Kossuth Lajos 18の集合住宅

10 ミシュコルツ Miskolc

ミシュコルツはハンガリーの北東部、スロヴァキアとの国境近くにある。標高200mとハンガリーにしては高く、高原地帯にある。人口は16万人。ブダペスト、デブレツェンに次ぐ第3の都市である。

ワインで有名なトカイ、美女の谷のエゲルとも50km以内と近い。人口の95%がマジャール人で純粋度が高いが2%ほどのロマ（ジプシー）もいる。文化度が非常に高い都市で、町は清潔、建物もネオバロック中心の美しい町である。また、旧ソ連時代に多くの工場が建設され、急激な発展を遂げた町でもある。

この町に20件のアールヌーヴォー建築がある。

見所は町の中心を東西に貫くメインストリート、セーチェニ・イシュトヴァーン通りにある。

セーチェニ・イシュトヴァーン通りとアディ・アンドレ通りの南角にあるシンガービル。マンサード屋根を持つ4階建ての商業ビル兼アパート。植物がモチーフになっていて、エントランスの柱には羊歯模様が巻きついている。窓飾りも葉っぱのデザイン。幅の広い道路の角地に建ち、遠くからでも見えるのでランドマーク的存在。建築年度は不明だが、この町のアールヌーヴォー建築は大体20世紀初頭のものと思われる。

その隣の集合住宅は奥に長く大きな3階建て、女神と子供、花がモチーフになっている。

その2軒隣が可愛い3階建て。オーダー（列柱）を用いたデザインだが、柱の出が少なく瀟洒（しょうしゃ）なデザインで好ましい建物。

それから少し歩くと2軒並んで子供像をモチーフにした5階建ビル。どちらも上部は集合住宅のよう。それぞれ子供が6人と8人あしらわれている。

シンガービル　円筒形のコーナー

シンガービル(Singer ház)　セーチェニ・イシュトヴァーン通り94

Hitelintézeti palota　子供４人、大人４人

シンガー･ビル　エントランス詳細

オーダー付の店舗付き住宅(セーチェニ･イシュトヴァーン通り)

セーチェニ･イシュトヴァーン通り90番地の集合住宅

教会の頂部

窓飾り

セーチェニ･イシュトヴァーン通り
集合住宅　子供８人

怪しい窓

セーチェニ･イシュトヴァーン通り6
集合住宅

柱頭飾り

Hitelintézeti palota
セーチェニ･イシュトヴァーン通り29

通りの最後は6番地の集合住宅。古いが形がよい。

セーチェニ・イシュトヴァーン通の中ほど、KAZINCZY、Ferenc 通りを北に行くと突き当たりに板張教会がある。トランシルバニア様式のこの教会は内外ともに全て板張りでカラフルに塗られていて、本当に美しい。数あるこの種の教会の中でも美しさにおいて類を見ない。私が訪れたのはちょうど日曜日のミサの直前で中に入ることができた。この教会を見ただけでこの町に来たかいがあると思われた。

通りを歩いていると怪しいヤギ頭やアールデコ風の犬のいる銀行、美しい窓飾りなどがあって、日の沈むまで歩きに歩いた。

板張教会　1938

板張教会

板張教会

11 エゲル Eger

エゲルはブダペストの北東100kmほどに位置する。人口約5・5万人。

古い建物の重要文化財の数はブダペスト、ショプロンに次いで第3位だという。

「美女の谷」に代表されるワインの名産地でもある。

この町で一番見たかったのは白い集合住宅だったが、すでに取り壊されて無くなっていた。

ほかの町でもそうなのだが、私の好きな過激なまでのアールヌーヴォー建築は取り壊されている例が多い。

一つ良い建物があった。旧市街をエゲル城に向かう大きく湾曲した通りに建つ集合住宅である。2階の格子窓がマッキントッシュを思わせる風情で良い立ち姿だった。

この街の圧巻は旧レーニン通り、現在はデアーク・フェレンツ通りの住宅群である。

コーナーにあった1番地こそ失われているが、3、5、7、9番地と個性あるアールヌーヴォー住宅が並んでいる。全て北向きである。

それはさらに15、17、25と続く。これだけ密集したアールヌーヴォー建築は世界でもそうそうは無い。そして旅行者にとっては有り難い存在だ。

近くにある劇場（シンハズ）の仮面の女のレリーフが面白かった。日本の見ざる、言わざる、聞かざるのように3人並んでいた。

シナゴーグ（ユダヤ教会）を24件設計したというバウムホルン・リポートの教会もあったはずだが、今は無い。この町にも多くのユダヤ人が居たと思われる。

『世紀転換期のマジャール建築』には13件の建物が収録されている。

レーグマーン・ヴィラ　1914　モハーチ・ラーズロ（現存せず）

旧市街の集合住宅　窓詳細

旧市街の集合住宅　1914　Monacsy László
Bajcsy-Zsilinszky u. 15

Deák Ferenc 3 の家

Deák Ferenc 5の家

Deák Ferenc 7の家

Deák Ferenc 17の家

Deák Ferenc 9の家

Deák Ferenc 19の家

Deák Ferenc 25の家

12 ニーレジュハーザ Nyíregyháza

ヒューラー・ミクロシュ Füller Miklós（1873～1948）
パップ・ジュラ Pap Gyula（1857～？）
ザボルクシュ・フェレンツ Szabolcs Ferenc（1874～？）
クールシ・アルベルト Kőrössy Albert（1869～1955）
キース・ゲーザ Kiss Géza（1878～？）

ニーレジュハーザはハンガリー北東に位置し、ミシュコルツからデブレツェンに向かう鉄道の中ほどにある。サボルテ・サトマール・ベレグ県の県都で、人口約12万人。国内7番目の人口を抱える都市。

旧市街は美しいバロック建築が多い。

ミシュコルツを取材し、ソルノクに向かう鉄道線上にあるニーレジュハーザに妙に気になる建物があって、駅を降りるとタクシーに乗った。旧市街に入ると大きな建物が目についた。「あ、これもそうだ」と思ったが、さらにタクシーを走らせ、当てずっぽうに「突き当たりを左」、とか言ったら何と目当てのオトン・ホテルがあった。

1階には銀行が入っている。Otthonとは「わが家」という意味なので元は小さいホテルで今は営業はしていないようだ。花崗岩を貼り、鋲でとめた2つの三角破風が妙にりりしく、美しく見える。1階の台形のサッシュが赤く塗られていて、これまた、迫力がある。小さい建物なのに見ていて満足度が高い。レヒネル・エデンやヴァーゴー兄弟もこの手の手法にチャレンジして成功している。建築家のヒューラー・ミクロシュはニーレジュハーザ生まれ。

そこから少し歩いてゆくと、最初に見た大きな建物と目当てのもう1つ、銀行のビルが向かい合っている。大きい方は塔の部分はバロック的だが、破風にタイルのレリーフがあったり、花模様の金属手摺があったりして全体としてアールヌーヴォーといえる。

調べてみると建物は半公的な建物でいろいろな組合などが入る本部ビルだった。

パップ・ジュラ、ザボルクシュ・フェレンツはこの地方の生まれ。

農業銀行はブダペストの有名建築家クールシ・アルベルトとキース・ゲーザ。資料ではキース・ゲーザの作品の項に入っている。

見ているうちに雨が降り始め、通りがかりのタクシーをつかまえた。ニーレジュハーザに着いて、列車が出発するまでわずか2時間の滞在だった。

『世紀転換期のマジャール建築』には12件が掲載されている。

オトンホテル　詳細

組合本部ビル　破風詳細

オトンホテル　1909　ヒューラー・ミクロシュ

組合本部ビル　1912
パップ・ジュラ＆ザボルクシュ・フェレンツ　Lenin tér

農業銀行　1911　クールシ・アルベルト＆キース・ゲーザ

組合本部ビル　手すり詳細

13 セーケシュフェヘールバール Székesfehérvár

フューブナー・ジェノー Hübner Jenő（1863～1929）
ファビアーン・ガースパール Fábián Gáspár（1885～1953）

2人ともここの生まれ。

セーケシュフェヘールバールは人口約4万人。歴代ハンガリー王の戴冠式が行われるところ。人口約10万人。ブダペストから30㎞も離れていない立地で、今では日本の自動車産業の工場なども多く進出している。

9世紀から始まったこの町には旧市街には多くの城壁が残り観光客もたくさん訪れる。

この町の見所のアールヌーヴォー建築は2軒並んで建っている。市庁舎の近くのコシュー・ラヨシュ通りだ。

まず商業ビル。設計者は不明。

4本の列柱の上にモルタルとしっくいで造られたピーコックが鎮座する。破風は典型的なアールヌーヴォーの曲線で、いくら眺めていても見飽きない。シンプルな色合いがつつましく、数ある商業建築でも上位にランクしたい建物である。

レンガ造りの公衆浴場はうって変わって、重厚な造り。全体としてはクラシックなスタイルだが、中央の塔は丁寧なアールヌーヴォー。

建築家ヒューブナー・ジェノーはこの町の生まれでブダペストに出て活躍した。

もう一つ見逃せないのが、町外れにあるジーザス・セント・ジーグ教会。設計者のファビアーン・ガースパールはやはりこの町の生まれで、後にブダペストに出た。

キリスト教会として従来の約束事を踏襲しているが、見れば見るほど魅力的に見える不思議な建物だ。余程力量のある建築家だったのだろう。

商業ビル　Kossuth Lajos u. 10

あと2つ、アールヌーヴォーではないが、魅力的な建物が黒鷲薬局と仕掛け時計。薬局の方は１７４６年のものでバロックといえるが、19世紀末にできていたら、アールヌーヴォーといってもおかしくない……。

市役所裏の路地にある仕掛け時計はカラフルで楽しい。

コシュー・ラヨシュ通りに2つの建物が隣り合う

商業ビル

黒鷲薬局　1746　中央通り

商業ビルの装飾　ピーコック

公衆浴場　1900　フューブナー・ジェノー　Kossuth Lajos u. 12

公衆浴場

ジーザス・セント・ジーグ教会　1910　ファビアーン・ガースパール(1885～1953)

仕掛け時計

教会の窓

14 キシュクンフェーレジハーザ Kiskunfélegyháza

モルヴィッツェル・ナーンダール カルヴァリー・ジュラ

Morbitzer Nándor（1874～1950）
Karvaly Gyula（1874～1962）

キシュクンフェーレジハーザはブダペストからケチケメートを通りセゲドに向かう鉄道沿線にある小さな町。ケチケメートもセゲドもハンガリーを代表するアールヌーヴォー建築の町なので、何かありそうだと寄ってみた。

タクシーで真直に市の中心に向かう。あるある、市庁舎そのものがモーレッツに派手・派手のアールヌーヴォー。ファサードの装飾や屋根瓦はジョルナイのようだが、花模様が稚拙な感じがして吹き出しそうになったが、写真を撮りながらよくみると、なかなかスタイルも良いし「こりゃなかなか良いぞ」と思えてきた。現役の市庁舎なので中に入れる。まずホールに入って驚いた。リフォームしてあって美しい事この上ない。スボティツァのライヒレ宮殿に匹敵する美しさ。

2階の議場も見せてくれた。

美しい市庁舎といえば1、2位が同じコモル＆ヤコブのスボティツァ、ティルグムレシュがあげられるが堂々の第3位にランクされそうだ。この小さい町にこれだけ大きい市庁舎。よほど金持ちの町にちがいない。設計者のモルヴィッツェルはブダペストの人。

市庁舎の目の前にかなりの規模の貯蓄銀行がある。20世紀初頭にできた銀行はユダヤ人が設立したというのが定説なので、この町もユダヤ人が活躍した街と思われる。

市庁舎の南隣には平屋のとても窓飾りの可愛い建物があった。何かの本で見たような気もするが、用途も設計者も不明。今はクラブになっている。

駅と市庁舎を結ぶ通りの両側に並んでいる街路樹が大きく、しかもコブだらけで面白い。その中に、手すりだけが可愛い集合住宅があった。

『世紀転換期のマジャール建築』には5件が収録されている。

市庁舎　バース・ヨゼフ＆モルヴィッツェル・ナーンダール　1911　Kossuth Lajos

市庁舎玄関ホール

市庁舎　破風の装飾

市庁舎　２階　議場

市庁舎　玄関ホール

セイビングバンク

セイビングバンク　カルヴァリー・ジュラ　1910

クラブシルバー

集合住宅の手すり

クラブシルバー(元の用途不明)

15 キシュクン・ハラス Kiskunhalas

ヒキッシュ・レゼー
コタール・ヘンリク
ジョルジー・デーネシュ

Hikisch Rezső（1876～1934）
Kotal Henrik（1874～？）
György Dénes（1886～1961）

キシュクンフェーレジハーザ、キシュクン・ハラスのキシュクンとは、バーチ・キシュクン県の郡の名前。キシュクン・ハラスはキシュクンフェーレジハーザのようにブダペストとスボティツァ・ベオグラードを結ぶ国際列車の停車駅。キシュクンフェーレジハーザとは別の線で結ばれている小都市である。

この町に数は少ないが良い建物がある。

まず市庁舎である。キシュクンフェーレジハーザのような派手さは無いが形が良い。１９０７年の建物だが、アールデコ的な匂いもする秀作だ。

そして併設されている劇場がこれまた素晴しい。形が良く、グレーの外壁の中にイギリスの名陶ウェッジ・ウッドを思わせるレリーフがある。抑制の効いた名作だ。作者のヒキッシュ・レゼーとコタール・ヘンリクは2人共ブダペストの建築家。

もう1つは近くにある小学校だ。建築家ジョルジー・デーネシュは急な三角屋根を持つナショナルロマンティシズムの名手で、多作の建築家。ハンガリーとヘルシンキはお互いに影響しあってナショナルロマンティシズムが発達したといわれるが、同じハプスブルク帝国のルーマニア北部にも多く見られる。

ジョルジーもブダペストの建築家。

『世紀転換期のマジャール建築』には3件が収録されている。

市庁舎　ヒキッシュ・レゼーとコタール・ヘンリク　1906～1907

市庁舎と併設されている劇場　ヒキッシュ・レゼーとコタール・ヘンリク

劇場（詳細）

市庁舎

小学校　ジョルジー・デーネシュ　1913

劇場

16 バーツ Vác

ヒューブッシェル・カールマーン Hübschl Kálmán（1877～1946）
バウムガルテン・シャーンドル Baumgarten Sándor（1864～1928）

バーツは人口3万3千人。東向きに流れてきたドナウ川が直角に曲がり、南へ流れてゆく。その東岸に開けた町。西岸は森である。2世紀頃からドナウ川を渡る交易の町として発展した。

1846年にペスト市との間に鉄道が敷設された最初の町である。歴史があり、センテンドレ島へ向かう船着き場のある町なのにブダペストまで鉄道で25分と近すぎるせいか、市内にホテルがない。どうしても泊まりたかった私はインフォメーションで紹介してもらい、一室だけの民宿に泊まって市内を歩いた。

目当ての建物が2つあったが両方とも失われていた。まず市庁舎の目の前にあるはずの寄宿学校。ハンガリー中に学校を300も建てたというバウムガルテン・シャーンドルの作品。楽しみにして行ったのに建て替えられていた。

もう1つはドナウ川のほとりの裁判所。設計者は不明だが、これぞアールヌーヴォーという感じの建物。しかし同じ番地には新しい住宅が建てられており、その玄関だけが、立派なアールヌーヴォー。元の建物のドアを借用したかもしれない。

町を歩いていると、ショッピングセンターのガラスに昔の街並をセンチメンタルに再現した写真があり、今では市民が懐かしがっていることがわかる。

壊されたのはかえすがえすも残念だ。

現存しているのはドナウ川沿いにあるヒューブッシェルの自邸。1911年の完成だがコンクリート造。この時代

カールマーン自邸　ヒューブッシェル・カールマーン
1911　Ady Sétány 1

のコンクリート造は珍しい。アールヌーヴォーの証しとしてハート型の色タイルが貼られている。

ヒューブッシェルはエステルゴムで生まれバーツで死んだドイツ系の人。名前の読み方は民宿で教わったがメモを無くした。私流のでたらめな読み方である。

この町にも大通りにシナゴーグがあり、今はシンプルに改変されている。ここでもユダヤ人が活躍したようだ。

民宿の主人に車で駅まで送ってもらう途中、偶然にかなり大きいアールヌーヴォー的建物に出合った。

リストには無いが、ショッピングセンターの写真の中にもあった古い建物で、オフィスだという。

目指す建物はあまり無かったが、心持よい「ドナウの旅人体験」だった。

Ady Sétány 1に立つ住宅の
玄関ドア（元の裁判所の住所）

裁判所（当時の写真）

シナゴーグ（昔の写真）

寄宿学校　1903
バウムガルテン・シャーンドル

事務所ビル　バーツ駅を出て左に行き突き当たり

17 ゲデルレー Gödöllő

メジャッサイ・イシュトヴァーン

Medgyaszay István（1877～1959）

ゲデルレーはブダペストの郊外、東へ約20㎞の所にある。小さな町だが、ブダペストに近いこと。時の皇帝フランツ・ヨーゼフ一世の妃、エリザベートが、本来の首都であるウィーンでなく、この町が気に入り、生涯の多くをこの町のゲデルレー宮殿で過ごしたことで知られる。

ゲデルレー宮殿はバロック式でハンガリーで最も大きい宮殿である。皇妃が滞在するとなると、そのお付きの人も大勢で、そのためゲデルレーは美しい文化的な街となった。

私は郊外電車に乗ってこの町を訪れた。

一番の目的はメジャッサイ・イシュトヴァーンの2つのアトリエを見ることだった。

通り名がわかっていたので、住宅地にあるその建物を目指したが、残念ながらその建物は2つとも取り壊されて無くなっていた。

ただこの町を紹介する写真集には、ありし日の姿が載っていて、陸屋根のいかにもアトリエらしい建物だった。

この町に降り立って、最初に目についたのはキラリーホテルだった。茶色のいかにもアールヌーヴォー的外観だった。前述の本によると元は市庁舎だったことがわかる。

この建物と同じ通りに、形がよく似た集合住宅があった。

絶世の美女だったエリザベートは愛称が「シシィ」で今でも大人気で、エリザベート・キラリーホテル、ペンションシシィ、エリザベートピザハウスなど、エリザベートにちなんだ名前が多かった。

ハンガリーをこよなく愛したエリザベートは1898年、スイスのレマン湖畔で、イタリア人の無政府主義者によって一命を失った。

エリザベート（愛称シシィ）

エリザベートが多くの時間を過ごしたゲデルレー宮殿　バロック様式

アトリエ　メジャッサイ・イシュトヴァーン　1906（現存せず）

アトリエ　メジャッサイ・イシュトヴァーン　1906（現存せず）

旧　ゲデルレー市庁舎
現　キラリーホテル

集合住宅
Dózsa György út 12

18 ショプロン Sopron

ショプロンはオーストリアとの国境に近い。むしろオーストリア領に食い込んでいるようにも見える。人口約6万人。

オーストリア領の近くの町にしては珍しくオスマントルコの襲撃を免れた。そのせいで中世からの建物が市内に多く残っている。旧市街は卵型でところどころに城壁も存在する。

この街の見所はショプロンの劇場に尽きる。

メジャッサイ・イシュトヴァーン Medgyaszay István（1877～1959）

ブダペスト生まれのイシュトヴァーンはウィーンのオットー・ワーグナーの元で学ぶ。続いてパリに出向きフランスワーブ・アンヌビクの元で鉄筋コンクリート構造を身につける。多才な建築家だがデザイン的にはレヒネルの影響も受けている。

さらにゲデルレー芸術家コロニーのメンバーとも交流があり、ゲデルレーに芸術家のアトリエと住宅を設計している。（筆者はこのアトリエを2018年に訪れたが、既に壊されていて口惜しい思いをした）

ショプロンでの最大の目的はこのイシュトヴァーンの劇場を見ることだった。

それは意外と早く実現した。宿をとったパンノニアホテルから歩いて5分の所にあったのだ。

通りの角を曲がると特徴のある正面が見えてきた。パリでコンクリート造を学んだイシュトヴァーンのベスプレームに次ぐ2つ目の劇場建築だ。イシュトヴァーンの建築はピクチャレスクで、かつ分かりやすい。側面の出入口もカラフルで洗練されていて、周囲をぐるぐる回って見ても飽きることがなかった。

ショプロンの劇場　Petőfi tér

ショプロンの劇場　側面の出入り口

ショプロンの劇場　1909　メジャッサイ・イシュトヴァーン

ショプロンの劇場　壁画詳細

オルス・アンブラス
Orth Ambrus（1871～1931）

ソムレー・エミール
Somló Emil（1877～1939）

郵便局宮殿と薬局

パンノニアホテルからも近いセーチェニ広場に面して郵便局のでかい建物がある。名前も郵便局宮殿だ。１９１３年の完成。この頃の郵便事業は大事業で、ペーチの郵便局もスロヴァキアのブラチスラヴァの郵便局も宮殿だった。設計者のオルス・アンブラスはUjarad生まれ、ハプスブルク帝国の全域で活躍した建築家。

パンノニアホテルからセーチェニ広場に向かう通りに可愛らしい薬局があった。窓飾りがユニークで、「あっ、こんなやり方もあるんだ」と思った。

郵便局宮殿　壁面レリーフ

郵便局宮殿　1913　セーチェニ広場

郵便局宮殿内部

薬局　Várkerület通り

旧シナゴーグ　教会は入り口から奥の方にある

新旧シナゴーグ

ウーイ通り（Új u.）の両側に新と旧のシナゴーグがある。旧シナゴーグは１５２６年にショプロンからユダヤ人が追放されるまで使われていた。１８６７年のフランツ・ヨーゼフ一世によるユダヤ人解放令によって、再びユダヤ人が集まってきたようだ。

19 ベスプレーム Veszprém

ベスプレームはバラトン湖に近く、ブダペストから鉄道で90分で着く。人口6万人。こんなに近いのに7回目のハンガリー行きで初めて訪れた。最大の目的はメジャッサイ・イシュトヴァーンのペトゥーフ劇場。駅から市内まで3㎞と遠く、しかも駅前にタクシーが1台もいない。バスに乗って市内に向かう。劇場はすぐに見つかった。バスが劇場の前を通り、止まった停留所がシンハズ（劇場）だった。

メジャッサイ・イシュトヴァーン Medgyaszay István（1877～1959）

（経歴についてはショプロンの項参照）

長年の願望がやっと叶えられた。今、パリでコンクリート構造を学んだイシュトヴァーンの初の大型建築が目の前にある。通りに面した顔は実は裏の顔で、やや小ぶりに見える。大きな丸窓がある。

建物の脇を通って裏に回る。裏庭があり、地下の建物のトップライトや光庭がある。表はシンプルなのに誰も見ない裏が大賑わいである。鹿狩りの大壁画があり、そこは南向きなので、まるでそこが正面のようだ。

しかし、本当の正面は西面にある。道路から階段を下りた、いわば地下広場が正面入口にあたる。たまたま入口があいていて中に入ることができた。

ホワイエには劇場ホールに上る大階段があり、大きな丸窓に教会のようなステンドグラスがある。これが道路正面にある丸窓だった。うまい構成だ。

劇場内部には側面から入るバラ窓の光が効果的。ペトゥーフ劇場は当初の名前、国民劇場の

ペトゥーフ劇場　1908　Óvári F.Ú.　道路側外観

如く、国民的大建築であった。これによってイシュトヴァーンの名はハプスブルク帝国の全域に轟いた。

ペトゥーフ劇場　コンサートホール大階段　道路側の丸窓がこのステンドグラス

ペトゥーフ劇場　南面（裏側）外観

ペトゥーフ劇場
内部

ペトゥーフ劇場　西正面入り口(地下一階)

ペトゥーフ劇場(鹿狩りのレリーフ)　1908

もう1つイシュトヴァーンの作品がある。劇場から程近い公園の中にあるラッコー・デジュー・ミュージアムだ。1912年の完成だけあって、作風はすでにモダニズム化している。そしてミュージアムは今は閉館している。

ラッコー・デジュー・ミュージアム　1912

オーヴァーロシュ広場の4棟

資料によるとVörös Hadsereg tér（直訳すれば赤い軍の広場）に4棟の集合住宅がある。地図で見るとそういう広場は見つからない。だが、街の真ん中にÓváros térという似た名前がある。劇場からも近いので行ってみると大当たり。そこだった。広場の名前が変わったようだ。いきなり1番地にナショナルロマンティシズム風の住宅がある。

そして、20、22、24番地に並んで住宅がある。

まず20番地の建物、窓飾りが竪琴をイメージしたつくりで、なかなかシャープ。22番地の可愛らしい建物は「シュピッツェラーハウス」と名前がついており、コモルとヤコブの作品らしい。24番地もアールヌーヴォーだ。

さらに広場のすぐ近くラコーティ通りに、資料にはないが、いかにもアールヌーヴォーらしい小品だが秀れた建築があった。

コッシュート・ラヨシュ通りの角にも1906年にできた銀行兼アパートがある。各地によくあるバロック系のアールヌーヴォー建築である。

ラコーティ通り9番地の住宅（これぞアールヌーヴォー）

オーヴァーロシュ広場　20番地の住宅

オーヴァーロシュ広場　1番地の住宅

オーヴァーロシュ広場　22番地のシュピッツェラーハウス
コモル＆ヤコブ

オーヴァーロシュ広場　24番地の住宅

コッシュート･ラヨシュ通りの銀行兼アパート　詳細(バロックアールヌーヴォーに分類される)

ベスプレーム銀行とアパート　1906　コッシュート･ラヨシュ通り　Kossuth Lajos u. 1

20 ジェール Győr

ジェールはブダペストとウィーンを結ぶ交易路に位置し、ドナウ川の支流、ラーバ川に面する交通の要衝。今も繊維製品や鉄道車両を製造する国内第3位の工業都市。人口約12・8万人。

ジェールには1993年と2019年、2度訪れた。一度目は予備知識もなく、何も見つけられなかった。2度目は資料があり、それをもとに歩いた。が、あまり感動的な出合いはなかった。

川向こうの小学校

ジェールの街歩きも終わりかけて、最後の訪問が長い橋を渡って行きついた小学校だった。

街路樹が大きくて外観はさだかではないが、板の間から垣間みる装飾が午後の陽に栄えて美しい。思わずガッツポーズが出た。

キシュクンフェーレジハーザの市庁舎を思わせる植物の装飾。こちらの設計者は不明だが、市庁舎はナーンダールとジュラだった。ひょっとしたら同じ設計者かもしれない。学校は休みで中にも入れず詳細はわからない。でも良

小学校　Rónay Jácint u.

いものを見た興奮はしばし治まらなかった。

それにしても街路樹が大きすぎる。文化財を持つものはもう少し、気をつけて木を適当な大きさに伐ってもらいたいものだ。

小学校棟飾詳細

小学校西面全景

小学校　北面

その他のアールヌーヴォー建築

ジェール駅を出ると目の前に市庁舎がある。その反対側に陸橋を渡ると住宅が2つある。

その1つ、バルトーク・ベーラ通り426番地の家はナショナルロマンティシズムの建物、重厚である。

駅を西に行くとショプロンの郵便宮殿を設計したオルス・アンブラスとソムレー・エミールの設計したギムナジウムがある。元は女学校で大変大きい。

商店街 Bajcsy Zsilinszky 通りには現在ロスマンが入っている4階建の商業ビル兼集合住宅がある。

資料によると郊外に集合住宅が3つ並んでいたが、今はもう無いそうだ。

バルトーク・ベーラ通りの家　Bartók Béla út 4~6

バルトーク・ベーラ通りの家

バルトーク・ベーラ通りの家　Bartók Béla út 2

橋の袂に姿の良い建物がある。用途不明だが、舟の櫂のサインがあるので、多分河川管理かヨットクラブのようなものではないか。

モション・ドナウ川に架かる
橋北詰にある建物

ギムナジウム　Orth Ambrus & Somló Emil　Eötvös tér 1
建物はこの4倍くらいある

Bajcsy-Zsilinszky út 33 の商店　集合住宅
(1階にロスマン)

コラム Column

ハプスブルク帝国のアールヌーヴォー建築を主導したユダヤ人社会

1848年、帝国の皇位を継承したフランツ・ヨーゼフ一世は、その年に長年迫害を受けつづけてきたユダヤ人に対し、移動の自由を保障した。これによりシュテットルと呼ばれるユダヤ人街に閉じこめられていた彼等は、帝国内を自由に移動することができるようになった。そして、多くの人がウィーンをめざした。

さらに1867年、皇帝はユダヤ人の解放を行った。解放とは、ユダヤ人に対する差別の撤廃と市民権の付与である。

実はすでに1791年にフランスが解放令を発し、1830年ギリシャ、1858年イギリスと続き、オーストリア（ハプスブルク帝国）に続いて1870年イタリア、1871年ドイツも同調した。当時、ユダヤ人が最も多かった国はロシア、次いでポーランドであった。

彼等は最も近い国、オーストリアに移り住む。

この頃既に金融によって力をつけていたユダヤ人は市民権を得て、各地で銀行を設立した。

産業の発展によって人口が膨張し、人口増に対応して数多くの集合住宅が建てられ、もちろん銀行も建てられた。

19世紀末はそんな希望に満ちた時代だった。そして苦しかった過去から脱却する意味もあって、折からヨーロッパ全土に同時的に起こってきた「アールヌーヴォー様式」が建築に採用された。

帝国の各都市にシナゴーグ（ユダヤ教会）が建てられ、彼等専用の社交場、「カジノ」も多く建てられた。

今日地方都市にこの種類の建物と大きな墓地のある町は、かつてユダヤ人が活躍し、牛耳っていた町だと思って間違いない。

チェコのプラハの一画に「ヨゼフォフ」という街区がある。そこはアールヌーヴォー建築の宝庫であるが、ヨゼフォフとはフランツ・ヨーゼフ一世に敬意を持って捧げられた名称である。

また、ハンガリーとスロヴァキアの国境付近に「バラシュシャジャルマト」という町があるが、ここはユダヤ人が桃源郷を夢見て、入植して作ったユダヤ人による理想郷で、多くのアールヌーヴォー建築が残されている。

ここで、ユダヤ人の歴史を少し振り返ってみよう。

ユダヤ人（イスラエル人）の起源はユーフラテス川流域の遊牧民で、紀元前15世紀頃、今のパレスチナに入った。この時、一部はエジプトに移住したが、迫害を受けモーゼに従いパレスチナに戻った。

紀元前1000年頃ヘブライ王国が成立。第2代ダヴィデ、第3代ソロモンの時最も繁栄した。この時代のことを「ソロモンの栄華」という。しかし、この王国は2つに分裂。北のイスラエル王国は紀元前722年にアッシリアに征服される。南のユダ王国は前586年、新バビロニアに滅ぼされる。国民はバビロンに捕囚された。

ユダヤ人の受難の始まりである。

約50年後にバビロンを占領したペルシャによって帰国が許され、エルサレムの神殿を再建する。この頃ユダヤ教が成立した。この教義は旧約聖書に基づいたもので、ヤハウェを信仰する一神教であった。

一方、アッシリアに滅ぼされたイスラエル王国の民は、メソポタミアに連行され、歴史からその姿を消す。

小康を得た旧ユダ王国の民もペルシャの発展に伴って立つ礎を失い、永い流浪の旅に出ることになる。

世界に散ったユダヤ人達は神を信じ、その勤勉さでそれぞれの土地で一定の地位を得るが、世界がキリスト教圏、イスラム教圏に分化していく中で、頑なにユダヤ教を信ずるユダヤ人に対する迫害は絶えず行われた。

12世紀、13世紀にはそれが激しくなり、イギリスやフランスから国外追放の危機に瀕し、表面上キリスト教に改宗する人達も居た。

ユダヤ人が多く住む国はロシアやポーランドだったが、世界中どこでも、土地所有が許されず農業ができなかった。その上に商業、貿易も禁止され、ゲットーに集まって住むことを強いられた。つらい生活を強いられたユダヤ人だがメシア（救世主）の出現を信ずる彼等は、その日のために、子供達の教育に最も力を入れた。

虐げられたユダヤ人が頭角を現したのは金融によってであった。ユダヤ教もキリスト教もイスラム教も、利子を取って金を貸すことはもともと禁じられていた。しかし、ユダヤ人は生きるために教義を変えた。

工業が発達し、それにつれて商業も盛んになってくると、人口の都市集中がおこってくる。

ブダペストで見てみると、1799年に5万4千人の人口だったのが、1890年には約50万人に増加していた。この人口増に対応するために集合住宅がどんどん建てられる。19世紀はまさに金融を必要とする時代だった。当時、貯蓄銀行や農業銀行が多く創立されたが、全部とはいわないまでも、そのほとんどはユダヤによるものだったという。

1900年のブダペストにおけるユダヤ人の人口は、21・5％にまで増えていた。さらに地方都市でもほとんどの都市はユダヤ人に経済を掌握されていた。

話をアールヌーヴォー建築に戻すと、世紀転換期におけるアールヌーヴォー建築は、ユダヤマネーに負っていたといっても過言ではないだろう。

19世紀末から20世紀の初め、ハンガリーのアールヌーヴォー建築を凌駕したコモルとヤコブ、それにライタ・ベーラはユダヤ系だった。

シナゴーグ（ユダヤ教会）を24も設計したバウムホルン・リポートもユダヤ系と思われる。

シナゴーグ　インテリア再現　ポーランド・ユダヤ人歴史博物館

コラム Column

アールヌーヴォー建築定義の拡大

学説によって定まったものではなく筆者独自の分類

東欧を繰り返し訪れていると、今までアールヌーヴォー建築とされてきた様式ばかりでなく、ゴシックでもバロックでもない一歩抜き出た建築が目についた。

それらは長く続いたゴシックやバロックの手法を踏みながらも、明らかに違う領域に入っていると思われた。

例えばルーマニアのブラショフやスロヴァキアのブラチラスラヴァで見たものは、大方のデザインはバロックのものであっても細部はアールヌーヴォーであって、構成を少し変えるだけでアールヌーヴォーと呼べる建築に変身するものだった。

明治の日本で時の大工達が見よう見まねで擬洋風という魅力的な様式を発明した事と同じことが20世紀初頭のハンガリーやルーマニア、スロヴァキア、セルビアなどの地方都市に見られるわけだ。

日本のお雛さまに変わりびながあるように変わりアールヌーヴォーと呼んでみてもいいかもしれない。擬アールヌーヴォーでもよい。

正調アールヌーヴォー、ナショナルロマンティシズムに加え、次のように変わりアールヌーヴォーの例を示す。

研究書にはアールヌーヴォーの本の中にアールデコの建物が入っていることもある。また日本や中国の帝冠様式もその例の一つになる。

変わりアールヌーヴォー様式の評価が定着すれば、東欧の建築がわかりやすくなる。

◆アールヌーヴォー建築の定義

①正調アールヌーヴォー建築
②ナショナルロマンティシズム
③変わりアールヌーヴォーまたは擬アールヌーヴォー
・古典系アールヌーヴォー
・ゴシックアールヌーヴォー
・ルネッサンスアールヌーヴォー
・バロックアールヌーヴォー
・イスラムアールヌーヴォー
・モダニズムアールヌーヴォー
・キュビズム

正調アールヌーヴォー　プラハ(チェコ)

ゴシックアールヌーヴォー

ブラショフ(ルーマニア)

ブダペスト(ハンガリー)

古典系アールヌーヴォー

コシツェ(スロヴァキア)

ブラショフ(ルーマニア)

バロックアールヌーヴォー

コシツェ(スロヴァキア)

ブラショフ(ルーマニア)

ルネッサンスアールヌーヴォー

ブラチスラヴァ
(スロヴァキア)

ブラショフ
(ルーマニア)

モダニズムアールヌーヴォー

ブダペスト
（ハンガリー）

ライタ・ベーラは1910年に
キャバレー・パリジャンで
アールデコを試み
この作品ではモダニズムに
到達した

ブラショフ
（ルーマニア）

イスラムアールヌーヴォー

トゥルグ・ムレシュ（ルーマニア）

ナショナルロマンティシズム

ケチケメート（ハンガリー）

キュビズム

プラハ（チェコ）

3

ルーマニア

Romănia
(Romania)

1 ティミショアラ Timișoara

勝利広場の建築

初めてティミショアラを訪れた人が、勝利広場に足を踏み入れたとしたら、その広場を囲む建物群の壮大さに息をのむことだろう。

私もその1人だった。

広場の西側に6棟、東側にも巨大な建物が1棟。5階建だが全て規模が大きい。

1階が店舗で、2階から上が集合住宅になっている。広場の突き当たりにオペラ劇場があり、その前にブダペストの建築家、バウムホルン・リポートのロイドコーヒー店がある。かつて証券取引所としても使われたこの建物は、今は集合住宅になっている。裏通りまでつながる大きな建物だ。リポートは後述するが、やや古典的アールヌーヴォー作家だが、シナゴーグを24件も設計するなど大成功した建築家だ。

公園を隔てた反対側にレフラー宮殿と呼ばれる1ブロック全てを占領した巨大な建物がある。設計者不明。そのやや冗長なファサードに比して、妻面のデザインがとても良い。2つのボウウインドウを備えて、デザインが細かく、

証券取引所とロイドコーヒー店(勝利広場) 1908 バウムホルン・リポート Bd. 30 Decembrie 2

レフラー宮殿（妻面）（勝利広場）

ダワバック宮殿（勝利広場）　Dauerbach-Palota Str. Goethe 2

バランスが良い。

7棟ある中で別格に存在感があるのが、ダワバック宮殿だ。オレンジ色の屋根に、グレーの外壁を持つ建物だが、その破風のデザインが他に類を見ないほどユニーク。広場を睥睨しているようだ。ハプスブルク建築のベスト10の1つにあげたい。

これほどの広場は見たことがない。あえていうとブリュッセルのグランプラスだ。

レフラー宮殿(正面)　Bd. 30 Decembrie

レフラー宮殿(妻面)

集合住宅と店舗
Merbl Arnold
Bd. 30 Decembrie 4
（勝利広場）

セーチェニ宮殿
Bd. 30 Decembrie 8
（勝利広場）

集合住宅と店舗
Bd. 30 Decembrie 6
（勝利広場）

バウムホルン・リポート

Baumhorn Lipót（1860～1932）

先述のバウムホルン・リポートの建物が市内に7軒記録されている。

リポートはユダヤ人社会との関係が良好で、19世紀末から20世紀初頭にかけてハプスブルク帝国内の、特に地方都市で数多くの仕事をした建築家である。規模の大きい建物が多く、そのスタイルは重厚でアールヌーヴォー特有の軽快さは無いが、細部はアールヌーヴォーの特徴を確実にとらえていて、時代に受け入れられた。マーティ通りの運河水利調整組合もその1つ。

ユダヤ人は1867年に帝国内で市民権を得て、やがて地方都市の多くを金融の力で掌握してゆく。当然シナゴーグが建てられたが、同時にユダヤ人専用の社交場としてのカジノが建てられた。このシナゴーグとカジノ、2つの建物がある都市はユダヤ人の力が強大であったことを示す証拠である。

運河水利調整組合　イルカのレリーフ

運河水利調整組合　1903　Bd. 6 Martie 2

集合住宅　1904
バウムホルン・リポート
Bd. 6 Martie 6

集合住宅　1904
破風詳細

女学校　1903
バウムホルン・リポート
Bd. Piața Victoriei 45

窓周り詳細

集合住宅と商業ビル　バウムホルン・リポート　Piața Traian 2

シナゴーグ　1899　バウムホルン・リポート　Str. Caragiale

ゲメインハート・マートン

Gemeinhardt Márton（1877～1934）

地元にもうまい作家がいた。ゲメインハート・マートンである。カライマン広場に3棟連続した集合住宅は全てマートンの設計。

最もアールヌーヴォー的なデザインで植物や鳥をモチーフに軽やかに設計されている。

こんなうまい作家が首都から遠く離れた地方都市にいたことに驚く。

リストにあるティミショアラのアールヌーヴォー建築の数は87件で、これは世界第10位である。

窓上装飾詳細（孔雀）　三軒続きの右端

玄関　窓周り

集合住宅　1904　Piața Plevnei 7

集合住宅　1904　Str. Caraiman 4　3軒続きの左端

集合住宅　正面装飾(孔雀)

集合住宅　1904　Str. Caraiman 5　3軒続きの真ん中

ゲメインハート自邸　1908　Str.13 Decembrie 29

ゼークリー・ラーズロ

Székely László（1877~1934）

もう1人面白い建築家がいる。アントワープから来たゼークリー・ラーズロである。

教会とその附属ギムナジウム（高等学校）は、大規模な建物で、教会の塔の両側に校舎が拡がる。塔の真裏が学校の出入口でデザインが秀逸。

もう1つ、統一広場にあるゴールデンクロス薬局。修復されてキレイになっていて、アールヌーヴォーでは少ないふくろうのレリーフが頑張っている。

その広場の隅にコモル&ヤコブの商業銀行があるが、修復工事中で屋根の上のレリーフだけが姿を見せていた。

ゴールデンクロス薬局　Str. Engels 9

ゴールデンクロス薬局　窓上ふくろうのレリーフ

ピアリスタ教会と附属ギムナジウム　1909　Pta Horatiu 1

附属ギムナジウム　正面入口

商業銀行のレリーフ(工事中)　1908　Str. Alecsandri 11

コモル・マルツェル
ヤコブ・デジュー

Komor Marcell (1868~1944)
Jakab Dezső (1864~1932)

クールシ・アルベルト ミハイリッチ・ゲーゼ

Kőrössy Albert（1869～1955）
Mihailich Győző（生没年不詳）

市の南西、ベガ運河を越えた所にブダペストのスター建築家クールシ・アルベルトのハンガリア温泉がある。ルーマニアにはあまり有名な温泉がないので、本場・ハンガリーの名前をつけたようだ。

ハンガリア温泉　1906　Str. Galaţi 1

テーリー・エミール

Tőry Emil（1863～1928）

カジノ

もう1人ブダペストの大物、テーリー・エミールの作品がある。エミールは1911年のトリノ万博の壮大なハンガリー館を設計した人。カジノがあるのはユダヤ人が多く住んでいた証拠。

南部地方カジノ　1902　Bd. 6 Martie 8

その他のアールヌーヴォー建築

ティミショアラにはまだ魅力的なアールヌーヴォー建築が数多くある。設計者不明だが実物を見ればその価値がわかる。

錨宮殿
Splaiul Tudor Vladimirescu 25

コーヒー店と集合住宅　Piața Romanilor 1

コーヒー店と集合住宅　レリーフ

集合住宅レリーフ

集合住宅　Splaiul Tudor Vladimirescu 11

商業ビルと集合住宅　Bd. Tineretii 10

集合住宅　Piața Plevnei 4

集合住宅　1961
Str.12 Aprilie 5

診療所と集合住宅　Str. Dacilor 10

集合住宅

集合住宅　Bd. 6 Martie

集合住宅　Splaiul Tudor Vladimirescu 24

パラペットのレリーフ

レリーフ

マルギット邸　Str. Beethoven 5

シナゴーグ

2 アラド Arad

設計者不明の名建築

アラドはブカレストからハンガリーのブダペストに向かう交通の要衝にある。そのせいかアラドにはアールヌーヴォー建築が数多くある。

リストには80件があり、その数は世界の都市の11位になる。数だけでなく質も高い。

ただ一部を除いては設計者不明である。

その中でも私が世界のアールヌーヴォー建築のベスト10に入ると思う建物がある。

アブラム・ランキュ広場11の集合住宅である。3階建ての建物で1階が商店、2、3階が集合住宅である。レヒネル流のその外観は私にいわせれば「レヒネルを超えている」リストの説明書には設計者の名はなく「滅びた正面を最初の姿に修復した」とあるのみ。

その近くにある薬局も古びているがなかなかのものだ。

さて、アラドのアールヌーヴォー建築の多くがメインストリートであるレプブリチ通りに残されている。

アブラム・ランキュ広場11の集合住宅　可能な限り復元したもの

アブラム・ランキュ広場の集合住宅　設計者不明

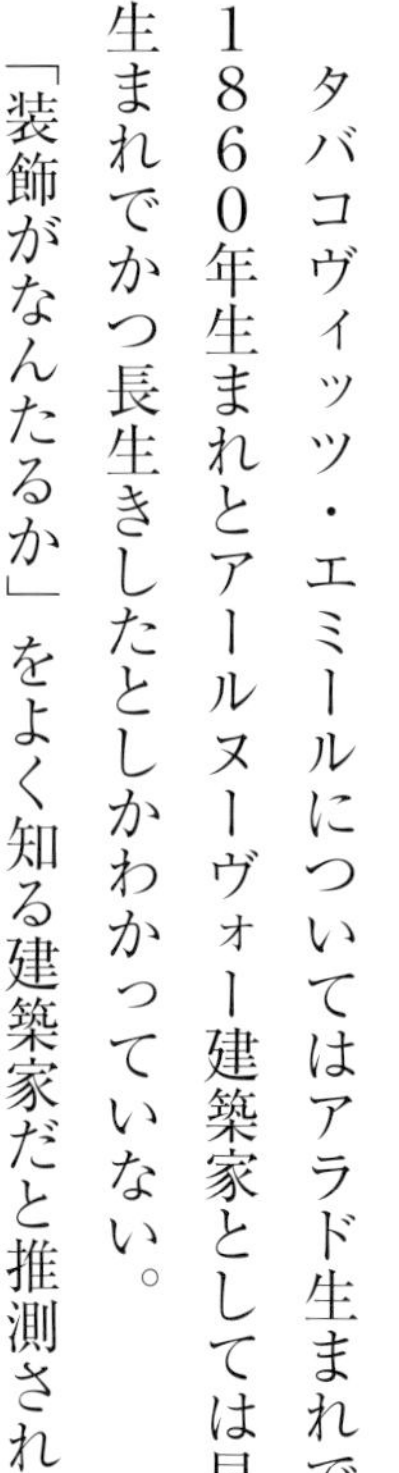

タバコヴィッツ・エミール

Tabakovits Emil（1860～1946）

タバコヴィッツ・エミールについてはアラド生まれで、１８６０年生まれとアールヌーヴォー建築家としては早い生まれでかつ長生きしたとしかわかっていない。「装飾がなんたるか」をよく知る建築家だと推測される。

住宅　1910　Str Ghiba Birta 20

住宅　1910
Str Ghiba Birta 20

住宅　1910　Str Ghiba Birta 18

スタイナー・ヨーゼフ

Steiner József（1872～1958）

スタイナー・ヨーゼフは1872年、Solt に生まれ、ブダペストで死んだ。

若い頃はアラドで活躍。ティミショアラにも作品を残している。後年ブダペストに移り、自邸も建てている。（1911年）

現トランシルバニア銀行の飾り庇(あとからつけられた)

スタイナー・ヨーゼフの集合住宅　人面像

集合住宅　1910　Pța Arenel

現トランシルバニア銀行　1910　Str.Unirii 5

現在のものはかなり改変されている

ザーンタイ・ラヨシュ

Szántay Lajos（1872～1950）

ザーンタイ・ラヨシュはアラドに生まれアラドで死んだアラドの建築家。ボーフス宮殿は大通りから裏通りまで1ブロックを占領した大きな建物。銀行と集合住宅の複合ビル。

ボーフス宮殿　Bohus palota
後の集合住宅の部分

ボーフス宮殿（銀行と集合住宅）　1912
Str. Anatole France1~3
ナショナルロマンティシズムの建物

改変された建物

1997年に初めてアラドを訪れた時、資料を見て探し回ったが見つからなかった。2018年に再訪してやっと出会った。リフォームされて美しくなっていたが、中央部分の上部がなくなっている。建物のもっとも美しい部分が改変されて、平凡でただ美しいだけの建物になってしまっていた。

レププブリチ通り92番地の集合住宅（当時の写真）
少しの改変によって建物が平凡になる好例

レププブリチ通り92番地の集合住宅　Bd. Republicii 92
現在はファサードが改変されている

レプブリチ通りのアールヌーヴォー建築

92番の建物は白地に金でとても美しい建物だが、リストの写真と比べて見ると一部改変されてシンプルになっている。点数をつけると半分以下だ。後世の建築家が修復の際に、省略してしまうことがある。その最も顕著な例で残念に思ったことだった。

レプブリチ通り62の建物もうまい設計だ。初めて訪れた時は黒ずんでいたが、２０１８年には綺麗になっていた。この通りには44番地、62、80、87、90、92、99と次々と魅力的な建物があり、楽しい街歩きになる。

集合住宅　Bd. Republicii 62

集合住宅　Bd. Republicii 80

集合住宅　Bd. Republicii 90

ロイド宮殿(Lloyd-Palota)　Bd. Republicii 87

集合住宅　Bd. Republicii 99

変わりアールヌーヴォー建築

アラドには古典風味やルネッサンス調、アールデコ調など折衷式のアールヌーヴォー建築が多くある。有名建築家が少ないかわりに地元の建築家がブダペストやティミショアラの情報を得て、自由闊達にデザインしたと思われる。この辺りが地方の建築の面白さだ。

クロシュカ通りの住宅　柱頭のレリーフ

クロシュカ通りの住宅　ルネッサンス&古典アールヌーヴォー
自由奔放なアールヌーヴォーで完成度も高い　Str cloșca 4

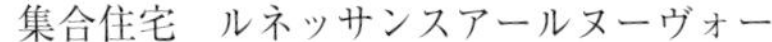
集合住宅　ルネッサンスアールヌーヴォー

クロシュカ通りの住宅　窓飾りのレリーフ

クロシュカ通りの集合住宅
古典様式のアールヌーヴォー
Cloşca 1 & レプブリチ

集合住宅　Bd Republicii 44
古典風味のアールヌーヴォー

専門学校
Central be Formere profesionala
Str Gheorge Lazăr
アールデコ調のアールヌーヴォー

その他のアールヌーヴォー建築

短期大学　Str Postăvarul 9

集合住宅　玄関レリーフ

薬局＆集合住宅　Pta Avram Iancu 4

集合住宅　Str. Tudor Vladimirescu 17~19

集合住宅　頂部　Str. Cernei 2

集合住宅　1908　St. 7 . Noiembrie 18

ロスチャイルド家の隆盛

ロスチャイルド家の現在の総資産は1京円といわれている。日本の国家予算、100兆円の約100倍だ。主として株を保有している訳だが、有名な企業だけあげてみる。

「銀行」　イングランド銀行、フランス銀行、パリ国立銀行、香港上海銀行
「証券」　ソロモンブラザーズ、JPモルガン、メリルリンチ
「車」　フォード、ルノー
「航空機」　ロッキード
「石油」　ロイヤル・ダッチシェル、ブリティッシュペトローリアム
「食品」　ネスレ、コカコーラ
「マスコミ」　NYタイムズ、ザ・サン、ロイター通信、ABC、NBC、CBS
「化学」　デュポン
「映画」　ウォルト・ディズニー
「煙草」　フィリップ・モリス

とキリがないほど世界の有名企業が並ぶ。

イングランド銀行やパリ国立銀行など銀行を押さえているのは凄いことだが、何とアメリカドルの発行権まで持っているという。

少しロスチャイルド家の歴史を辿ってみると、1764年にゲットーにいた初代マイアー・アムシェル・ロートシルト（ドイツ語名）がドイツのフランクフルトに銀行を設立したことに始まる。

マイアーには5人の子供がいて、長男アムシェルがフランクフルトで、順にサロモンがウィーンに、ネイサンがロンドンに、カールがナポリに、ヤコブがパリに銀行を設立して発展したが、現在残っているのはロンドン系とパリ系だといわれる。

ロスチャイルドが劇的に発展したのは、戦争に投資したことだった。例えば1815年のイギリスとフランスが戦ったナポレオン戦争でフランスに逆貼りした後にイギリスの国債を買い戻し、イギリスの勝利が決まると国債の価値は2000倍にもなったといわれている。かつて日露戦争の日本にも巨額の融資をしたことも記録にある。

ロスチャイルドは英語読みで、ドイツ語ではロートシルト、フランス語ではロチルドと読む。

ゲットーに住まざるを得なかったユダヤ人が、18世紀後半にフランスで解放令が出され、イギリス、オーストリア、イタリア、ドイツがこれに続いた。ハプスブルク帝国では1867年のフランツ・ヨーゼフ一世による解放、市民権の獲得でユダヤ人の地位は急激に上昇した。

ユダヤ資本による金融は戦争国債を買うことや、国王に直貸しすることもあった。そういう大口の場合の金利は3％から5％程度であったようだ。

市民に対する小口金融は今のサラリーマン金融のように10％を超えるものもあったらしい。そういう銀行はレストランの横の階段を上った2階にあることが多かった。私はコシツェやブラチスラヴァで実例を見た。

キリスト教に関しては16世紀初頭のルターの宗教改革によって5％以内の金利を取ることが許されたが、罪の意識が強いキリスト教徒には長らく広まることはなかった。

初期の銀行　コシツェの銀行
入り口は1階レストランの右

3 クルジュ・ナポカ Cluj-Napoca

クルジュ・ナポカはオラデアを経てブダペストにいたる交通の要衝にある。人口33万人。日本でいうと四国の高知市、松山市と同程度の人口だが、東欧では大都市である。人口の20％はハンガリー人だという。

そのせいもあってか、この町には57棟ものアールヌーヴォー建築が記録されている。ハンガリーに近いこともあり、資料にはブダペストの有名建築家の名前が並ぶ。レヒネル・エデンに始まり、コーシュ・カーロイ、マールクシュ・ゲーザ、コルブ・フローリシュ、ギエルグル・カールマーン、トロッカイ・ヴィーガント・エデ、ボルゾ・ヨーゼフなど。

しかしながら、マールクシュ・ゲーザのオペラ座は建て変わっていたし、コーシュ・カーロイの住宅6棟はとんでもなく郊外にあり、また旧市街は通り名が半端じゃなく変わっていたりして、2度訪れたが設計者が判明した建物はカペーテル・ゲーザの集合住宅ウラニアのみであった。

カペーテル・ゲーザ Kappéter Géza (1878～1948)

カペーテル・ゲーザはブダペスト生まれ。若い頃コルブ・フローリシュの事務所に勤めたようだ。作品としてはウラニアとニーレジュハーザの公共施設が記録されている。ウラニアは明るい建物だ。ホレア通りの行詰、ソメシュル川のほとりにある。１９０８年の完成にしては既にアールデコの匂いがする。知名度は低いが秀れた建築家だったろう。

集合住宅　ウラニア　1908　Str Horea 2

1989年12月21日通りの商業施設

この長ったらしい名前の通りは革命記念に通り名が変わったらしい。その通りの角、ホテルヴィクトリアの隣にある集合住宅がこの街1番の作品に見える。ゴシック風味で、北面と東面で顔が違う。変わりアールヌーヴォーの典型だ。

1989年12月21日通りの集合住宅　コーナー塔部詳細

1989年12月21日通りの集合住宅　東面

1989年12月21日通りの集合住宅　北面　1905

姿の良い集合住宅2件

小ぶりだが形の良い集合住宅が2件あった。2件とも設計者不明ながら、よくアールヌーヴォーの特徴をとらえていて、形が美しい。42番地の建物は北向きだが、夕方、辛抱強く粘っていたら夕陽が斜めに差してきた。

集合住宅　Str Memorandumului

集合住宅
Bd Eroilor 42

集合住宅のニンフ

アラニイ・ジャノス通りの住宅

アラニイ・ジャノス通りの13番地から21番地まで、9軒の住宅が並んでいる。いずれも住宅としては大きく他を圧している。おそらく東欧によくある高級建売住宅と思われる。

アラニイ・ジャノス通りの住宅　1912　Arany János

アラニイ・ジャノス通りの住宅　1912　Karolyi L.Emil & Markovits Sandor

その他のアールヌーヴォー建築

いずれも設計者不明だが、捨て難いアールヌーヴォー建築が数多く存在する。そして立派なシナゴーグがあり、この町でもユダヤ人が活躍していたことがわかる。

政府系の建物　Str Cardinal Luliu Hossu

集合住宅　Str Napoca

ミハイ・ヴィテアズル広場の集合住宅

ミハイ・ヴィテアズル広場の集合住宅

レンガタイルの集合住宅

オペラ座(現存せず)　1910　マールクシュ・ゲーザ

シナゴーグ　Str Horea 21

ヒゲ爺のアカンベー　Str Horea 29

4 オラデア Oradea

オラデアには前後3回行った。１９９７年、２０１６年、２０１８年。初めて行った時は１９９１年の革命からまだ日が浅く、チャウシェスクの悪政から立ちなおっていない頃だった。

レストランで食事をすると、どこでも量が異常に少なかった。ルーマニアは農業国なのに農産物を輸出に回して、国民は飢えていた。日本に比べて物価は極端に安かったが、インフレがひどく、1万円が59万レイになった。

その1万円の両替に一苦労した。

町に両替屋は何軒もあるものの、ドルかドイツマルクしか替えてくれない。ホテルでもカードは使えない。で、銀行を何カ所も回ってやっと1万円だけレイに替えてくれた。

その1万円でアラド、ティミショアラ、オラデアと移動からホテル代、食費までまかなって3日間をしのいだ。オラデアのホテルではバス・トイレ無しの６００円の宿賃で助かった。

土曜日がオラデア泊で日曜にブダペストまで行く予定で駅で切符を買おうとすると、ルーマニアでは当日券しか売らない。しかし、日曜は窓口が休みということで途方にくれた。たった1つの道はタクシーで国境駅まで行き、そこで買えという。そのタクシーが安かったので辛うじてオラデアを脱出できたのだった。

たった半日だけいたオラデアだが、街を歩いてアールヌーヴォー建築の多いのに驚いた。

中心街を歩いて、ただやみくもに写真を撮っただけだった。それから20年たってアールヌーヴォーを見る目も上達して、２回の訪問で数多くの、しかも美しいアールヌーヴォー建築を取材することができた。

オラデアの特徴は地元出身の建築家が頑張っていることだ。

リマノーティ・カールマーンが12件、ヴァーゴー兄弟が5件、スタリル・フェレンツが3件を設計している。

リマノーティ・カールマーン

Rimanóczy Kálmán（1870～1912）

何といってもリマノーティがスーパースターだ。中でも最高傑作はモスコヴィッツ宮殿だ。

コーナーの塔を中心に、左右対称形の外観を持つ美しい建物だ。初めて見た時は薄汚れていたが、2018年にはリフォームが完了。優雅な姿に生まれかわった。

リマノーティの建築は銀行も集合住宅も美しいが、特筆すべきは自邸である。何とアールヌーヴォーの大家が自邸にはゴシック様式を用いたのだ。つまり私の提唱するゴシックアールヌーヴォーである。これには少なからず驚いた。意図するものは何か。興味あるテーマが残された。

アポロ宮殿　1914　Cal. Republicii 10

モスコヴィッツ宮殿　レプブリチ通りのファサード

モスコヴィッツ宮殿　詳細

モスコヴィッツ宮殿　1905　Cal. Republicii 13

リマノーティ自邸　玄関詳細

リマノーティ自邸　1903　Str Porțile de Fier 3

集合住宅　1905　Str. Porțile de Fier 23

弁護士会館　1909　Str. Enescu

中央セイビング銀行　1907　Pta Republicii

ヴァーゴー・ラースロー Vágó László（1875～1933）
ヴァーゴー・ヨージェフ Vágó József（1877～1947）

ヴァーゴー兄弟もオラデア生まれ。ブダペストに多くの作品を残しているが、オラデアにも秀作がある。ロチェハウスはモダニズムを予見させる左右非対称の建物で、内部も全てアールヌーヴォーで埋めつくされている。

ヴァーゴー邸はシンプルな外観にセラミックの装飾がよく似合っている。前面道路が工事中で、掘削機が写っているが風景にとけこんでいる。

ロチェハウス　1911　Str. I. Vulcan 11

モスコヴィッツアパート　1910　Str. Alecsandri

ヴァーゴー邸　1905　Str. Prahovei 14

スタリル・フェレンツ

Sztarill Ferenc（生没年不詳）

スタリル・フェレンツはオラデア生まれ。コモル＆ヤコブの黒鷲ホテルも建てた建築業者である。設計も上手でレプブリチ広場の集合住宅は近年リフォームされ、創建時以上に美しくなった。向かい合って建つホテルアストリアは私が６００円で泊めてもらったホテルだが、今は４つ星ホテルでなかなか予約がとれない。

ホテル　アストリア　1905　Pta Republicii

集合住宅　Poynár-ház　1911　Pta Republicii

ホテル　アストリア　塔詳細

コモル・マルツェル
ヤコブ・デジュー

Komor Marcell（1868～1944）
Jakab Dezső（1864～1932）

オラデアで最も有名な建物はコモル＆ヤコブの黒鷲ホテルだろう。アーケードを持つ複合建築のこの建物も修復され、市のランドマークになっている。

旧カジノは古ぼけているが、いずれリフォームされるだろう。シナゴーグとカジノはユダヤ人の繁栄の象徴なので、この町にも多くユダヤ人が居たことがわかる。

ハプスブルク帝国時代の花形建築家であったコモルとヤコブは、この町にも数件の集合住宅を設計している。いずれも細部まで装飾がほどこされ、小さな建物ほど美しい。

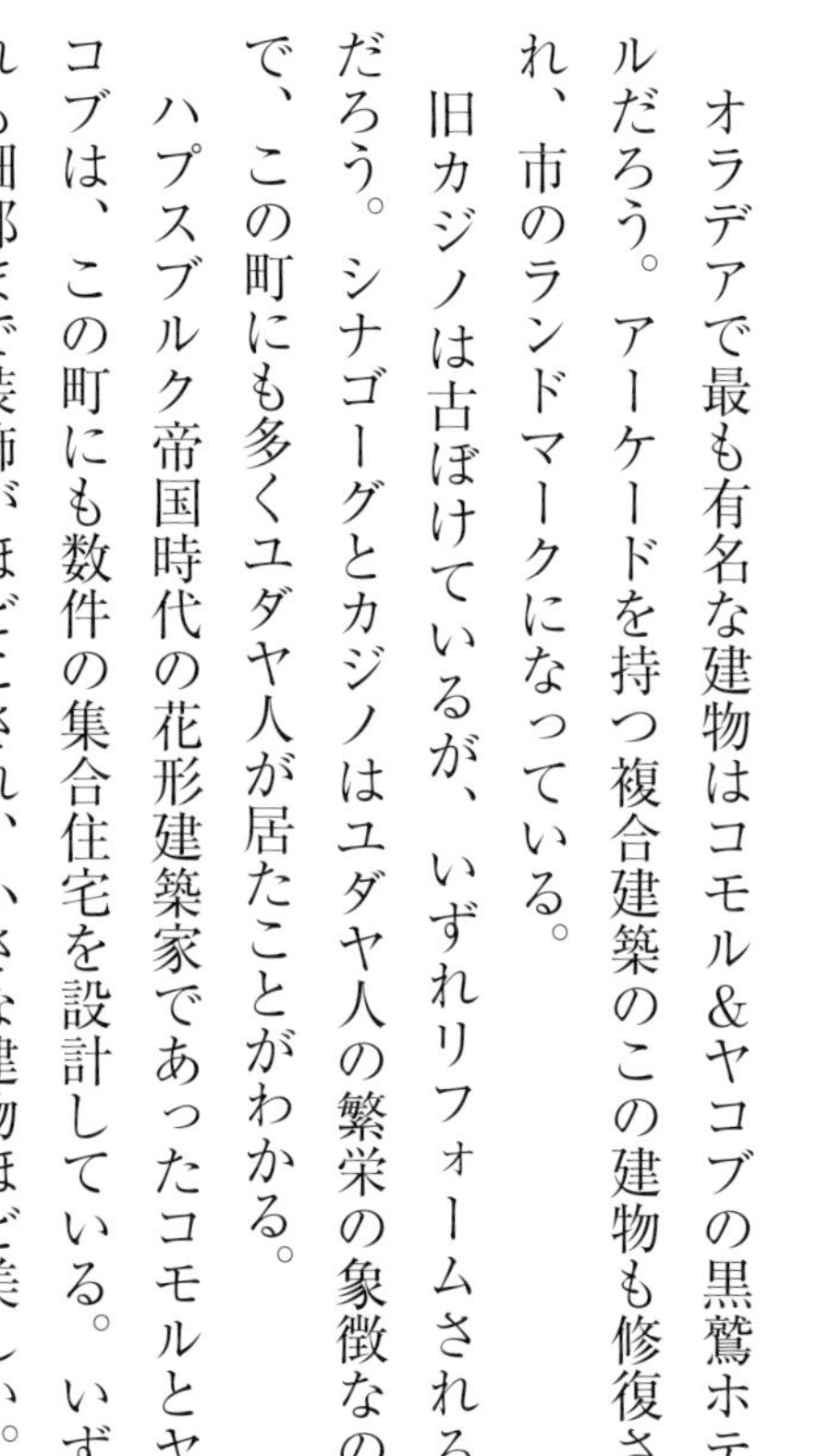

黒鷲ホテル　アーケード

黒鷲ホテル　1908　Pta Victoriei 1

住宅　Aleea Ștrandului 8

旧カジノ　1906　Str. Zamfirescu 3

集合住宅　Ster-haz　1914　Cal. Republicii 12

集合住宅　1908　Str. Independentel

アドリーアンアパート　1905　Str. Patriotilor 4~6

メンデ・バレール

Mende Valér（1886～1918）

ハンガリーの小さな町ピンコックで生まれたメンデ・バレールは24歳にしてケチケメートに出世作カルヴィン派のギムナジウムと法学校を建てた天才だが、オラデアにも可愛らしい建物を6作設計している。

32歳の若さで早逝したことが惜しまれてならない。

レースアパート　1912　Str. Alecsandri 3

集合住宅　1909　Str. Zamfirescu 10

エルトラーハウス　1910　Str. Severinului 8

オラデア農業銀行
1912
Str. I. Vulcan 7

その他のアールヌーヴォー建築

オラデアは人口約20万人。ハンガリーとの国境近くにある交通の要衝でビホール県の県都である。

１９４４年に解放されるまで長い間ハンガリー領だったため、ハンガリー系住民が多い。

集合住宅　Str. Portile de Fier

ルーマニア語ではオラデアだが、ハンガリー名ではナジヴァーラドという。従ってハンガリーの文献ではナジヴァーラドと表記されている。

『世紀転換期のマジャール建築』には49件のアールヌーヴォー建築が収録されており、そのほとんどが市の中心部にあり、集積度が高い。

住宅　Aleea Ștrandului 14

銀行ビル　Cal. Republicii 21

バチスタ協会　1912　Oromy Gyula　Aleea Ștrandului 10

Markovits-Matizer-ház　1911　Str. Petrescu 19~21

シナゴーグ
Salajan
Str. L. Sălăjan

5 トゥルグ・ムレシュ Târgu Mureș

トゥルグ・ムレシュはトランシルバニアの中心である。鉄道こそあれ、大都市への直行便がなく、バス中心の交通となっていて、決して便利な都市とはいい難い。トランシルバニア・アルプスとカルパチア山脈に囲まれ辺境の盆地にアールヌーヴォーの花が咲いたことが不思議に思われる。

コモル・マルツェル Komor Marcell（1868～1944）ヤコブ・デジュー Jakab Dezső（1864～1932）

この街を有名にしたのは何といっても、市庁舎の建築だろう。この建物は1906年に競技設計が行われ、コモルとヤコブのチームが当選した。

3年の時を経て完成した建物は、従来の教会建築などと違い、片側にのみ高い塔を持つものであった。これはトランシルバニア地方の伝統といえるもので、ブダペストのコーシュ・カーロイなどにも大きな影響を与えた。

4年後、同じチームによって市庁舎の隣に文化宮が完成。これらをきっかけにトゥルグ・ムレシュにアールヌーヴォーの花が開いた。

トゥルグ・ムレシュ市庁舎　1909　Piața Trandafirilor

トゥルグ・ムレシュ市庁舎夜景

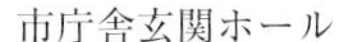
市庁舎玄関ホール

市庁舎

文化宮　1913　Piața Trandafirilor　この建物も競技設計で設計者が決められた。市庁舎に配慮して高さが抑えられている

文化宮　玄関ホールのフレスコ画の天井

文化宮　フレスコ画詳細

文化宮　玄関部分

ラド・シャーンドル
トロッカイ・ヴィーガント・エデ

Radó Sándor（1880～1960）
Toroczkai Wigand Ede（1869～1945）

この町の特徴的なのは首都、ブダペストから多くの建築家が招かれたことだ。

中でもラド・シャーンドルとトロッカイ・ヴィーガント・エデはこの地に移住して設計に励んだ。

ラド設計の寄宿学校はトランシルバニア風尖塔が立ち、しかも塔は数々の立体的装飾に彩られている。市庁舎の前に立つヤコブの家は可愛らしくかつ美しい。

ケルルスの丘の上の自邸は5階建ての大きなもので、いかに多くの建築の設計がラド・シャーンドルに集中した（つまり儲かった）ことがうかがえる。

寄宿学校　ラド・シャーンドル　1910　Str.Enescu

ラド・シャーンドル自邸　1912　ラド・シャーンドル　Str. Köteles Sámuel

国家行政講座ビル　1913　ラド・シャーンドル

ヤコブの家　1912　ラド・シャーンドル（Pta Eroilor）

一方のトロッカイ・ヴィーガント・エデも負けていない。絵に秀でていた彼は、得意のスケッチを駆使して商工会議所の建物をはじめ、多くの魅力的な建物を設計した。そのスケッチは線描きで、トランシルバニアに多い円形の塔を描かずに表現する独特のものだった。

商工会議所　1910　トロッカイ・ヴィーガント・エデ　Str. Stafatului 1

商工会議所
窓囲い　詳細

トロッカイ・ヴィーガント・エデのスケッチ
コーナーのRを描かずに表現する
ハンガリー、ルーマニアの独特の手法

オンドリアパート・学校
トロッカイ・ヴィーガント・エデ
&ラド・シャーンドル　1913

ケレチ・ベーラ

Keleti Béla（1870～？）

ケレチ・ベーラもブダペストの建築家だが、作風は写真のようにとても可愛らしい。

2002年に訪れた時はどの建物も古ぼけていたが、2018年に再訪した時は綺麗にリフォームされていた。

ドクターフェイゲンバウム邸　1912　Piața Trandafirilor 43

ヴァーモス邸　Piața Trandafirilor 18

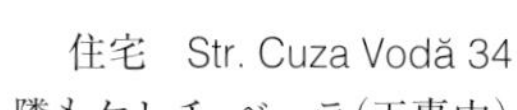
住宅　Str. Cuza Vodă 34
隣もケレチ・ベーラ(工事中)

バウムガルテン・シャーンドル
Baumgarten Sándor（1864～1928）

シャーンディ・ジュラ
Sándy Gyula（1868～1953）

シスザール・ラヨシュ
Csiszár Lajos（1876～1963）

他にブダペストの建築家として、３００の学校を設計したバウムガルテン・シャーンドルやシャーンディ・ジュラの名前がみられるが、地元の建築家で頑張っていたのが、シスザール・ラヨシュである。５件の建物が記録されているがアールヌーヴォーらしい堅実な設計である。

ボーヤイ・ファルカス高等学校　1908
バウムガルテン・シャーンドル　Piața Bolyai

住宅（現在　幼稚園）1908　シスザール・ラヨシュ
Str. Cuza Vodă 97

集合住宅　1909　シスザール・ラヨシュ
Str. Lupeni-Piața

農業銀行　1900　シャーンディ・ジュラ
Piața Trandafirilor

その他の建築家の作品

トゥルグ・ムレシュには他にも設計者不明だが美しい建物がわんさとあって、街を去る旅人の後ろ髪を引く。

ニューヨーク宮殿（Palota） Piața Trandafirilor 41

個人住宅

集合住宅

ボーヤイ広場の住宅　Piața Bolyai

ボーヤイ広場の住宅　玄関詳細

集合住宅　1907

集合住宅の装飾

寄宿学校　塔詳細　1910　ラド・シャーンドル

6 ブラショフ Braşov

ブラショフはルーマニアのほぼ中央にあり、ブラショフ県の県都。人口27万人。

中世の街並みを残す美しい街だ。

12世紀にドイツ人によって開かれ、以後、ルーマニア人、ハンガリー人と3民族が共存する街として今にいたる。

２００２年にトゥルグ・ムレシュに行く途中、素通りしてしまい、気になっていた街で２０１８年にやっと訪れた。資料には2軒しか載っていなかったが、その2軒が魅力的なので、思い切って行ってみた訳だ。

ブラショフの中心、スファトゥルイ広場に宿を取った私は、早速歩き始めた。

メイン通りのレプブリチ通りを歩くと、そこに早くも目当ての建物が見つかった。バーミュラー商店である。大理石（と思われる）に細かな浮彫を施したレリーフが、外壁全面を覆っている。数あるアールヌーヴォー建築の中で「これだけのものは滅多にない」としばし見とれていた。

ここから少し歩くと、同じ通りに見事なゴシックアールヌーヴォー建築があった。設計者も由来もわからないが、リフォームされていて実に美しい。単なるネオ・ゴシックではなく、紛れもなく私がゴシックアールヌーヴォーとよんでいる建築だ。かつて、オラデアのスーパースター、リマノーティ・カールマーンの自宅がゴシックアールヌーヴォーで驚かされたが、それ以来、東欧のあちこちで見るようになった。

さらに広場の方に歩くと、ライタ・ベーラばりのモダニズムアールヌーヴォーのレストラン。2対のレリーフがアールヌーヴォーを主張している。

足を中央公園の方にのばすと、今度はこげ茶色のバロックアールヌーヴォーの美術館がある。

これら折衷的アールヌーヴォーはハンガリーやスロヴァキアで特に多く見受けられる。

レプブリチ通りにはほかにも真正アールヌーヴォーのレストラン「フェスティバル」を持つホテルコロナがあり、その道のはずれに黄色い外壁のヒゲ爺のレリーフが面白い診療所がある。

ほかにも見逃せない建物が5、6棟あった。

ホテルをチェックアウトしてタクシーで駅に向かう途中、11月15日通り（旧レーニン通り）にあった!!。リストにあるが見つけられなかったヴィラが。「ストップ」と叫ぶが交通が激しく、「アイ・キャノット・ストップ」と運転手。ほんの少しの間に辛うじて1枚だけ写真が撮れた。古びているが紛れもなく資料にあるヴィラ。

古びていても存在すればいつの日か、この建物が「世界的に貴重な建物の1つである」ことに気づく人があって、保存されていくことになる。

うれしい。本当に嬉しい気持ちでブラショフを後にして、トゥルグ・ムレシュに向かうバスに乗った。

バーミュラー商店　Bahmüller üzletház　Str. Republicii 16

バーミュラー商店　レリーフ詳細

ゴシックアールヌーヴォーの家　詳細

MAD Cafe　ゴシックアールヌーヴォー
Str. Republicii 10

モダニズムアールヌーヴォーのレストラン　レリーフ

モダニズムアールヌーヴォーのレストラン
Str. Republiciiとスファトウルイ広場の角

美術館詳細　下の外観写真で見るとバロック建築に見えるがアップで見ると明らかにアールヌーヴォー建築

ホテルコロナ内　レストランフェスティバル39

美術館　1902　Bd. Eroilor 21　バロックアールヌーヴォー

ホテル　コロナ　1910　PURZEN GASSE 62

ヴィラ　Bd. 15 Noiembrie
ブラショフを出るタクシーから見つけて慌てて撮った。交通量が多く運転手はいくら頼んでも止まってくれなかった(写真の右半分)

ヒゲ爺ビルのヒゲ爺(診療所)

レジデンスアナポリス　1909　Str. Gh Barițiu 18

店舗付住宅　St. Mureșenilor 20

書店ビル　スファトウルイ広場

診療所（ヒゲ爺ビル）　Piața Teatrului 1

7 バヤ・マーレ Baia Mare

バヤ・マーレはマラムレシュ県の県都。ハンガリー語ではナジバーニャと呼ばれていて、金銀などの鉱山の町として繁栄した。

バヤ・マーレ周辺には高い塔を持った木造教会が多く残り、そのうち8つが世界遺産に登録されている。木造教会がアールヌーヴォー建築のうちナショナルロマンティシズムに分類される勾配屋根の建築に影響を与えたことが、よく知られている。

この町に見逃せない建物がある。自由広場に建つイストヴァン・キラリーホテルである。現在は営業していないが、外観はリフォームされて美しい。バーリント・ゾルターンとヤーンボル・ラヨシュのコンビの設計。ハンガリーのデブレツェンにも市庁舎など秀作を残している2人。ヤーンボル・ラヨシュは多作の建築家で、86歳と当時としては長生きだったこともあり、旧ハプスブルク国内に多くの作品を残している。

またデブレツェンとバヤ・マーレは150㎞程度しか離れていない。

『世紀転換期のマジャール建築』には4件が登録されている。

イストヴァン・キラリーホテル　1908　バーリント・ゾルターン＆ヤーンボル・ラヨシュ　自由広場

イストヴァン･キラリーホテル　窓詳細

イストヴァン･キラリーホテル　側面（旧ホテルミネラル）

教会寄宿舎

寄宿舎の装飾

シドニー（オーストラリア） Sydney

羽田発2泊5日という不思議な旅でシドニーに行った。シドニーでは何をおいてもまずオペラハウスだ。

若きデンマークの建築家、ヨーン・ウッツォンの色鉛筆のスケッチがコンペで当選し、14年かかって完成したものだ。外観はどこから見ても形が違っていて面白い。内部は打ちっ放しコンクリートに木の内装がかかっている程度のもの。それにしてもこの特異な外観がシドニーを世界的に有名にした。

アールヌーヴォー発祥の国、イギリスの末裔が作った国なので期待して行ったが、あまり建築家は移住しなかったようで、ゼロではないが少なかった。ピット通りとジョージ通りに目を引く建築があった。また、ロックスも面白かった。

博物館に原住民アボリジニの写真があり、日本のアイヌや縄文人そっくりで面白かった。

オペラハウス　ヨーン・ウッツォン

原住民　アボリジニ

みざる・いわざる・きかざる　George st

ジョージ通りの集合住宅

クリテリオンホテル　George St

クィーン・ヴィクトリアビルディング　George St

ピットストリートのアパート

ピットストリートのアパート

商業ビル　ロックス

4

チェコ

Česká Republika
(Czech)

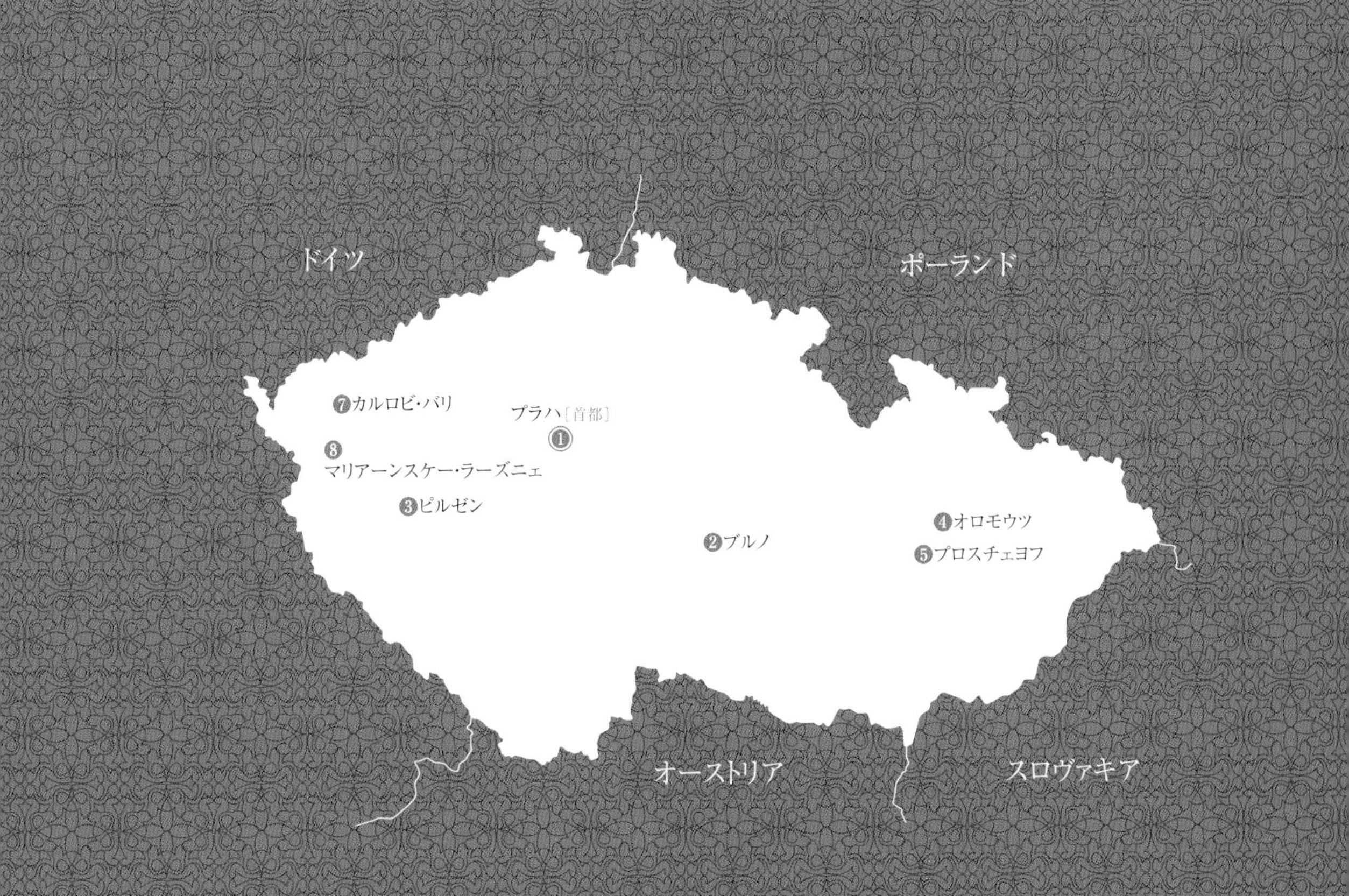

1 プラハ Praha

プラハは現在のチェコの首都。人口124万人。1526年にハプスブルク領となり、第1次世界大戦後の1918年にチェコ・スロヴァキアとして独立、1993年にスロヴァキアと分離してチェコ共和国となった。

チェコの西部、中部地方を「ボヘミア」と呼ぶことが多いが、それは10世紀頃にチェック人が独立しボヘミア王国を建国したことによる。しかし、この地方はジプシーであるロムの多く住む所で、この人達を「放浪する人達」の意味で「ボヘミアン」と呼ぶようになった。さらに19世紀になると、社会の慣習を無視して自由に生きる人達の代名詞となり、ついには放浪する芸術家の意味としても使われるようになった。

このように約400年のハプスブルク家の支配を受けたが、1848年に皇帝フランツ・ヨーゼフ一世がユダヤ人の移動の自由を宣言し、また1867年には富有なユダヤ人に市民権を与えたことにより、産業の発展とともに、プラハの人口は急増した。

ヨゼフォフ

1861年にはゲットー（ユダヤ人居住区のこと）の囲いが取り払われ、この地区はヨーゼフ一世にちなんで「ヨゼフォフ」と名付けられ、プラハ市の一部となった。

その後、富裕層のユダヤ人は別の場所に移り、残ったのは貧しいユダヤ人で、新しく入ってきたチェコ人の貧民層と相まって、この地区はスラム化していった。

プラハ市当局はスラム化したユダヤ人の町ヨゼフォフの再開発に取り組むことになった。

1893年にスラムクリアランス法が成立し、スクラップアンドビルドの方式で町を再開発した。

新しく建てられた建物は主として5、6階建の集合住宅で、時あたかもアールヌーヴォー建築の最盛期であり、多くの建物がアールヌーヴォー様式で建てられた。この地区のメイン通りであるパジースカー通りやシロカー通りは現在アールヌーヴォー建築の宝庫となっている。

この際、シナゴーグも取り壊されることになり、協議の末、17のシナゴーグのうち11のシナゴーグが取り壊され、代わりに旧新シナゴーグの前にユダヤ人会館が建てられた。そして、ユダヤ人墓地はそのまま残された。

17のシナゴーグがあったということは、とりも直さず、それだけ多くのユダヤ人が居たわけで、20世紀にはプラハの人口の20%を超えたといわれている。ちなみに、ハプスブルク帝国の首都ウィーンには24のシナゴーグがあったが、ヒットラーのために1つを除いて全て取り壊されたという。

ユダヤ人会館　壁飾

旧シナゴーグ(ヨーロッパ最古)　1280

ユダヤ人会館

ヨゼフォフの建築

人の妖精　バジースカー通り96

バジースカー通りの集合住宅

人の小さなロシアの女　バジースカー通り125

竜退治　シロカー通り97

マサリクの堤防

さて、プラハの町を縦断するヴルタヴァ川は、しばしば氾濫していた。国民劇場から南へ１㎞の堤防を修復することが決定され、ヨゼフォフより少し遅れて着工した。

この堤防の道路沿いに、洪水防御の意味もあって、集合住宅が隙間なしに建てられた。そして建物はやはりアールヌーヴォー様式が採用された。堤防に面して、17棟のアールヌーヴォー建築が並ぶ様は壮観である。

それらの建物は、装飾に満ちていて、現在は市の文化財に指定され、リニューアルされて光彩を放っている。

この堤防は、初代大統領マサリクにちなんで、マサリクの堤防と呼ばれている。

さて、ここからがアールヌーヴォー建築の宝庫、プラハの紹介の本番となる。

マサリク堤防のアールヌーヴォー建築群　17棟が並んでいる

マサリク堤防の住宅　224　入り口詳細

マサリク堤防の住宅　224　J･スティブラル

マサリク堤防の家

鳥の館　エントランス

マサリク堤防　鳥の館　No.234/26

マサリク堤防の集合住宅

マサリク堤防　鳥の館　No.234/26

オズワルド・ポリーフカ

Osvald Polívka (1859～1931)

このマサリクの堤防から歩いてすぐのナロードニ・トリーダ通りにある国民劇場の前に、この街1番の人気建築家オズワルド・ポリーフカ設計の建物が2軒並んで建っている。向かって左がプラハ保険会社、右がトピチョ出版社である。当時多くの建築家志望の学生は、ウィーンに行き、ウィーン工科大学のオットー・ワーグナー教授の指導を受けることが多かったが、ポリーフカはその道を選ばず、地元のプラハ工科大学に進んだ。そして有名なジーテク教授の元で学び、そして大学の助手にもなった。ポリーフカの建築は多くの装飾、特に壁絵が多いが、その下絵は全て自分で書くほど能力があった。後述する彼の代表作プラハ市民会館は、過去の様々な様式、さらにこの地方特有のヴァナキュラーな装飾など、全てを折り込んだ建物だが、ポリーフカはその装飾のエッセンスを取り出して、自分流にブレンドする天才であった。ちょうどスコッチのブレンダーがそうするように。しかも、それは物真似ではなくオリジナルなものだった。

2つの建物は高さを揃えた4階建てで、細部を見ていくと、ふくろうがいたり、トカゲ、カエルもいる。裸婦の像もあり、また軒下のPRAHAの文字の周りの草花の装飾

トピチョ出版社　1907　オズワルド・ポリーフカ　Národní třída

も見応えがある。

ヴァーツラフ広場から少し入ったヴォデツォコーヴァ通りのウ・ノヴァークの家も力作で、前述の動物に孔雀が加わり、彼自身が下絵を描いた「春」を連想させるモザイクタイル壁絵がある。

外観の美しさにこだわったポリーフカの面目躍如だ。

そして、ポリーフカの最も重要な作品はプラハ市民会館だ。火薬塔の隣に建つこの建物は、完成時、物議をかもした。オズワルド・ポリーフカとアントニン・バルジャーネクの2人の設計によるものだが、バロックともアールヌーヴォーとも決められない様式で、しかも内部は装飾で満ちあふれていた。

プラハ保険会社　ふくろうの像

市長ホールをこの地出身のアルフォンス・ミュッシャがデザインしたのをはじめ、絵画、彫刻、モザイクタイル、照明器具、ステンドグラス、飾り金物等にチェコの芸術家を総動員したのだ。1500人収容の大ホールをはじめ、5つのホール全て、階段、廊下、あらゆるところに装飾が散りばめられ、その様式は古代ギリシャ、東洋のモチーフ、地元のアンピル様式、アールヌーヴォーからキュビズムにまで及び、さながら装飾の展覧会のようだった。当初の騒ぎは次第に収まり、今日ではかけがえのない文化遺産として、この市民会館はプラハ市民の誇りとなっている。

仕事に恵まれたポリーフカの作品は、プラハ市内に数多く残されている。

プラハ保険会社　1905

プラハ保険会社　タイルの装飾

プラハ保険会社　1905　Národní třída

プラハ市民会館　1905～1912　オズワルド･ポリーフカ他　Ovocný trh 9

プラハ市民会館　レリーフ　てんとう虫

プラハ市民会館　メインエントランス

ウ・ノヴァークの家　1904　ヴォデツォコーヴァ通り

ウ・ノヴァークの家　ペントハウス　見るほどに楽しい

ウ・ノヴァークの家　玄関装飾

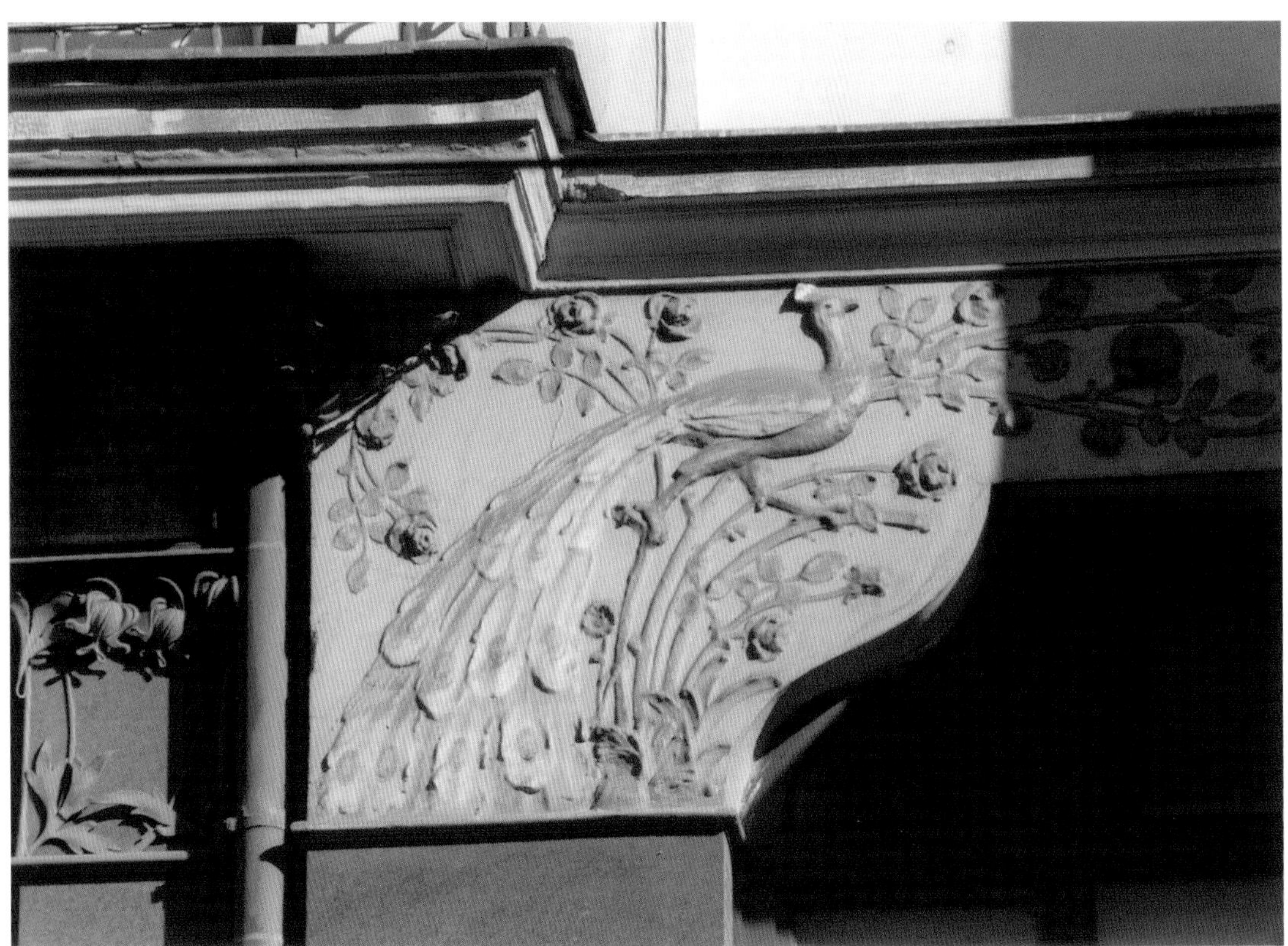

ウ・ノヴァークの家　ピーコックの装飾

ウ・ノヴァークの家　モザイクタイルの壁絵(春)

ウ・ノヴァークの家　窓飾
1878は何を意味するか(その時ポリーフカは19歳)

ヤン・コチェラ Jan Kotěra（1871～1923）

ポリーフカのライバルと目されるのが、12歳年下のヤン・コチェラである。

コチェラはウィーン工科大学に進み、オットー・ワーグナーの元で学ぶ。ワーグナー・シューレで優等生だったコチェラは、1896年建築国家賞を受賞、さらに翌年ローマ大賞を獲得し、イタリアを旅行する。華々しくデビューしたコチェラは、プラハの工芸学校に教授として迎えられた。

教育者だったコチェラは、その実力にも拘らず、実作は少ない。プラハにはペテルカ館、自邸が残る。

ところで、コチェラの最高傑作はチェコの東北部の地方都市プロスチェヨフにある「民族の家」である。大きな建物で、装飾に頼らないコチェラの造形のうまさが光る建物である。

コチェラの元から多くの建築家が育ち、ウィーン・ゼツェッションの後継としてプラハの町が彩られていった。

ロダン・パビリオン（当時の写真） 1902

ペテルカ館　エントランス

ペテルカ館　1899　Václavské náměstí 12

コチェラ自邸　1909　Hradešínská 6

民族の家　1907　（プロスチェヨフ）

ヨゼフ・ファンタ

Josef Fanta（1856～1954）

プラハ中央駅　1909

プラハで忘れてならないものがプラハ中央駅だ。大規模なこの駅は１８９９年に着工、完成まで15年を要した。ヨゼフ・ファンタの設計で、ヤン・コチェラが設計を手伝っている。世界の鉄道駅でもトップクラスの美しさを持つこの駅は、新駅ができた後も修復され現在も使用されている。

プラハ中央駅
支那人の女性

プラハ中央駅　エントランスホール

プラハ中央駅　ホール　1909

フラホル合唱団の家（マサリク堤防）　1905

フラホル合唱団の家　ヨゼフ・ファンタ　マサリク堤防　1905

プラハのホテル

プラハの町にはホテルが多いが、出色のホテルが３つある。まずヴァーツラフ広場に面するホテル・エウロパだ。長い間人気２軒が隣り合って建っているが別々のホテル。長い間人気ホテルとして営業していたが、２０１７年には閉店していた。ホテル・ツェントラル。いかにもアールヌーヴォーで、こちらはリニューアルされて営業している。そして、市民会館の裏にあるホテル・バジーシュ。バジーシュとはパリのこと。一見ゴシックかルネッサンスと見えるが、細部はよく見るとアールヌーヴォーだ。私も３泊したが、堂々の４つ星ホテルだ。

ホテル・エウロパ　1905　Václavské náměstí 29
Q・ベールスキー＆F・ベンデル・マーイエル

ホテル・ツェントラル　1901
ドリヤーク&ベンデルマイエル　フリードリヒ・オーマン

メランホテル(右の棟)

ホテル・ツェントラル　照明器具

ホテル・ツェントラル　1901

ヨージェ・プレチニック

Jože Plečnik（1872～1957）

地下鉄ミュージアム駅から2つ目、Jiřího z Poděbrad 駅を上った所にプレチニックの聖心教会がある。モーレッツに存在感のある教会だ。その周りにもたくさんの集合住宅がある。

ホテル・パジーシュ（ホテルパリ） 1907
Jan Vejrych

聖心教会 内部 1932

聖心教会 1932 Náměstí Jiřího z Poděbrad Vinohrady

アルフォンス・ミュッシャ

Alfons Mucha（1860~1939）

プラハ生まれのミュッシャはパリにおけるサラ・ベルナールのポスターが有名だが、このように肉筆画や建築の絵も描いた。ボヘミア語ではムハだ。

建築の絵（肉筆画）

肉筆画

ポスター

その他のプラハの建築

そして、コチェラ自邸のすぐ近くに彫刻家のアトリエがある。そこにある髪の長い人面像は異彩を放っていて忘れられない。

プラハは本当にアールヌーヴォー建築の街で、一つ一つ訪ねて行ったら1週間あっても足りないだろう。質、量ともに最高レベルの街だ。

ウ・ドルフレルーの家　ナープジーコピエ通り

ウ・ドルフレルーの家　窓詳細

工業宮　1891　ベドリッチ・ミュンツベルガー

ハナフスキー・パビリオン　1891　オットー・ヘイゼル

ルツェルナ　1916　M・フレッハ、U.M.ハヴェル

彫刻家のアトリエ　レリーフ

彫刻家のアトリエ　1911　フランティシェク・ビーレック

聖心教会近くの集合住宅　壁絵

聖心教会近くの集合住宅

ヤン・コチェラ自邸近くの住宅

ボヘミアスタイルの住宅　F・オーマン　オボツニー通り

2 ブルノ Brno

チェコは西のボヘミア、東のモラヴィアと大別される。西の中心がプラハで東の中心がブルノだ。人口38万人。9～10世紀には大モラヴィア王国の首都だった。

ブルノ本駅からMasanykova通りを抜け自由広場にいたるあたりが中心街。

途中には青果市場やドミニコ広場があり、終始賑わっている。

この街には典型的なアールヌーヴォー建築が多い。まずコメンスキー協会の近くにあるヴェスナ女学校。旧と新の校舎が隣り合っていて新しい方には純白の羽を持った女神が高らかにトーチを掲げている。その上の鷲のレリーフも見事だ。旧の方はアラブ風味。

そこから少し離れたVeveri通りに見事なあやめのアパートと少し古びた日時計のアパートがある。

さらに自由広場には黄金色のヒゲ爺のアパートがあり、両隣もアールヌーヴォーだ。このヒゲには圧倒される。

駅前の通りにはグランドホテルがあり、レストランの後方、少し高く引っ込んだところにフレスコ画と思われるミューズの壁画がある。

自由広場に直交するコブリッニャ通りにはこの街のガイドブックにも登場するユーモラスな魚の群れ。その他にも黒アリのいるアパートや、ゴシックアールヌーヴォー、クラシックアールヌーヴォーの建物もあり、まるでアールヌーヴォーの見本市のようだ。

2日間の滞在で32の素敵なアールヌーヴォー建築が見つかった。

ヴェスナ女学校　レリーフ

ヴェスナ女学校　ユルコヴィッチ&フェイフェル　1900　Jaselská 9

ヴェスナ女学校　Jaselská 7

ヒゲ爺の装飾　Via Minoritská N.6

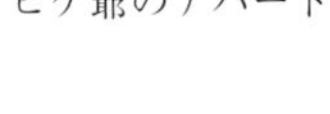

ヒゲ爺のアパート

あやめのアパート
Veveří 14

あやめのアパート手すり詳細

グランドホテル・ブルノ　1901　Benešova 18/20

グランドホテル・ブルノ　壁絵詳細　大きなグランドホテルの一部。レストランの上にある

GLi アパートメント　1905　Via Kobližná N.18　ずらっと並んだ魚の顔がユーモラス

太陽アパート
窓のレリーフ

太陽アパート
Veveří 6

怒れる男のレリーフ

カプチンスケ通りの住宅　ガーゴイルが2頭

カプチンスケ通りの住宅　Kapucínské náměstí 8
クラシックアールヌーヴォーのなかなか凝った建物

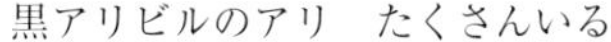

黒アリビルのアリ　たくさんいる

集合住宅　Via Kobližná

ゴシックアールヌーヴォーのアパート　1905　Rašínova

黒アリビル　1902

GRANDEZZA HOTEL　ドミニコ広場

集合住宅

GRANDEZZA HOTEL　レストラン

集合住宅

コラム *Column*

アールヌーヴォー建築分布の不思議

オーストリア・ハンガリー帝国のうち、オーストリア領のチェコにはプラハ以外にもいくつかの都市にアールヌーヴォー建築は存在するが、オーストリアではほぼウィーンのみに集中している。（他にはグラーツ、インスブルック、ザンクト・ペルテンには存在する）

これに対し、ハンガリー領のハンガリー、スロヴァキア、セルビア北部、ルーマニア北部には実に357の都市にアールヌーヴォー建築が存在する。この違いは何なのか。

ここに面白いデータがある。1900年のウィーンの人口は170万人。そのうちユダヤ人は9％にあたる15万人。この15万人という数はオーストリアに住むユダヤ人の90％にあたる。つまり、オーストリアではユダヤ人のほとんどはウィーンに住んでいた。

これに対し、ハンガリーのブダペストでは、全人口の21・5％にまでユダヤ人が増えていた。しかし、この人口はハンガリー全体のユダヤ人の20％にしか過ぎず、残りの80％の人達は地方都市に住んでいた。つまりハンガリーではユダヤ人は全国に分散し、マジャール人と共存していた。

このユダヤ人の人口の分布がオーストリア・ハンガリー帝国におけるアールヌーヴォー建築の分布とピッタリと一致する。

世紀転換期に建てられたアールヌーヴォー建築の多くが、ユダヤ人によって、あるいはユダヤ資本によって建てられたことを勘案すると、ハプスブルク帝国におけるアールヌーヴォー建築はユダヤ人に負っているといっても過言ではないと思われる。

ここでユダヤ人について述べると、ユダヤ人とは、特定のユダヤ民族という人種が居る訳ではなく、ユダヤ教を信ずる人達のことをユダヤ人と呼ぶ。（または、ユダヤ人から生まれた子）

19世紀後半から20世紀初頭にかけ、解放されたユダヤ人は力をつけ、キリスト教徒と共存して、ヒットラーが出てくるまで、幸せな時代を生きていたといえる。

また、デザインについていうと、アールヌーヴォー建築の一つ、ナショナルロマンティシズムに分類される屋根を持つ建築は、ハンガリーやトランシルバニアに元々あった様式で、抵抗感がなかったこと、さらに平らな壁に草花などを描くことはルーマニアなどの壁絵ではよく用いられていた手法で、平和で明るい希望に満ちた建築がキリスト教の信者にもユダヤ教の信者にも受け入れられたと思っている。

ユダヤ人の戦士達

3 ピルゼン Plzeň

ピルゼン。チェコ語だとプルゼニュ。

いわずとしれたピルゼン・ビールの本拠地だ。チェコのビールは安くてうまい。花のような匂いがして、しかも地酒っぽいコクがあるのが特徴だ。ほかにもピルスナー・セクトという辛口のスパークリングワインがうまい。2002年だったが、サラダにステーキ、ビール、それにワインがフルボトルで1600円だった。

ピルゼンの旧市街はそれほど大きくない。旧市街の真ん中の長方形の広場に面して4、5階建の建物が立ち並ぶ、ヨーロッパ共通のスタイルで、概ねネオ・バロックの建物で占められている。

しかし、一歩広場から出て横道に入ると、あるわ、あるわ、アールヌーヴォー建築が次々と出現する。

資料が無く、無差別に歩いてみて、3時間歩いただけで58件のアールヌーヴォー建築を見つけた。

実際にはこの倍はあるかもしれない。

そのほとんどは4~5階建の集合住宅で、有名建築家のものは見つけられなかったが、地元の建築家がプラハの（多分ヨゼフォフあたり）建築の手法をまねて造ったと思われた。

その中でもナンバー1の建物はドミニカーンスカー通り283番地の建物で、デザインも一流、アールヌーヴォーの鉄則に基づいた建物で、建物の中心に怒れる男の顔、窓上にはトンボ、パラペットにはヤギ頭が鎮座していた。

そして、この町の主要な通りには、テルチ、リトミッシェルなどと同じ、通り抜け用のアーケードがついている。

さらに、この町には世界で3番目に大きなシナゴーグがある。この町の建物の多くが集合住宅であることと考え合わせると、19世紀に人口の急増があり、その人口の何%かはユダヤ人であったと推測される。

ドミニカーンスカー通り283番地の集合住宅
ピルゼンNo.1 Dominikánská ulice 283

集合住宅

集合住宅

ドミニカーンスカー通り283の集合住宅　ヤギ頭の軒飾り

ドミニカーンスカー通りの集合住宅　とんぼの窓飾り

広場や主要な通りには通り抜けのアーケードがある

集合住宅

集合住宅

集合住宅

集合住宅

世界第3位の大きさのシナゴーグ

集合住宅の装飾

集合住宅の詳細

プレアールヌーヴォーの住宅

集合住宅の装飾

集合住宅の装飾

4 オロモウツ Olomouc

オロモウツは人口約10万人。チェコの東端に位置し、ブルノに近い。

この町の文化財保有数はプラハに次いで、チェコ第2位といわれている。旧市街地にはそれぞれの時代の建物がひしめいているが、主としてネオ・ルネッサンスの街並みといえる。

市の中心は市庁舎のあるホルニー広場。この広場から延びるOstružnická通りに驚くほど可愛らしい美少女がいる。1階に店舗をもつ4階建ての小さな住宅なのだが、金のモザイクタイルをバックに純白の少女像。このレリーフを見るだけで文化の街オロモウツに来たかいがある。

黄金色のヴィラ

黄金色のヴィラ　レリーフ　J. Hladika　1912　B. Vodička & J. Juránek　Ostružnická 25/27

集合住宅　Horní nám

集合住宅　Horní nám

集合住宅　1902　Horní nám

集合住宅　Horní nám

5 プロスチェヨフ Prostějov

プロスチェヨフはチェコのオロモウツ州にある小都市。プラハから遠い。

私はここへ1993年11月に訪れた。プラハからバスで5時間半かかった。遠かった。しかし、今トーマスクックの時刻表で見ると鉄道があり、オロモウツで乗りかえて3時間で行ける。

バス代は当時500円だった。途中のリトミッシェルという見事なアーケードのある町で休憩したので得したかもしれない。

1泊して、飲んだビールはジョッキ一杯で30円だった。なぜわざわざこの町に来たかというと、チェコの大建築家ヤン・コチェラの民族の家（ナロードニ・ダム）という大建築があるからだった。

当時、ハプスブルク帝国はオーストリア・ハンガリー二重帝国として、ウィーンとブダペストの両方が首都だった。オーストリアをはじめチェコ、スロヴァキア、スロベニアなどの学生はウィーンに出向き、オットー・ワーグナーの弟子になった。一方、今のハンガリー、ルーマニア、セルビアなどの若者はブダペスト工科大学に行き、レヒネル・エデンの元で修行するものが多かった。

ヤン・コチェラはウィーン工科大学のワーグナー・シューレ（講座）の俊英で、残されている図面も無茶苦茶うまい。このコチェラの最大の傑作がこの町にある訳だ。

一夜明けてこの建物と対面した時は興奮した。とにかく大きい。一辺が60ｍ～70ｍもあり、建築面積は4000㎡もある。劇場、集会室、小ホールなど多くの部屋からなっているこの建物の内外部を、少しも手を抜くことなく、丹念にデザインしてある。実に見所のある建物だった。こちらが動く度に表情を変える。1つの建物だけで数百ページの写真集ができそうだ。

コチェラは建物のデザインだけでなく、いくつかの椅子、照明塔、ニンフ、フクロウ、レリーフ等、あらゆるものをデザインしている。これはオットー・ワーグナーや弟子のヨゼフ・ホフマンの目指した総合芸術を実現したもので、これを33歳の油の乗り切った年に設計した。

一生に一度の大作をものにしたコチェラだが、同時代のオズワルド・ポリーフカと違い、目指すところは教育で、プラハの工芸学校で教鞭を取り、ペテルカ邸など、秀作を残したが、作図の天才でありながら寡作で、作品は少なく、かつ、後年はモダニズムを目指した。

民族の家　ヤン・コチェラ　1907

民族の

かつてウィーンで同僚だった、ダルムシュタットにいるヨゼフ・マリア・オルブリッヒに宛てた手紙が残っている。

「わたしは猟犬に追われて、森の中から駆り出されているようです。みんなの声が猟犬のようにワンワンと聞こえます。わたしは追いつめられています。わたしの思想を理解してくれる同志がここには全くいません。多少でも好意を寄せてくれるマードル氏のような数人の人達さえも、わたしの作品を理解してくれません。私は新しい実験を試みているのです。わたしは自分の選んだ道を信じていますが、それでも時々は他人からの精神的援助がいるのです」

民族の家　大ホール

民族の家

２０１９年12月、チェコのブルノからオロモウツそしてポーランドに向かう途中、この町に再訪した。建物はリフォームの真っ最中で幸運にも建物の正面は工事が終わっていて写真を撮ることができた。また、レストランは営業中でコーヒーを飲み、一休みした。

正面の改装がほぼ終わった民族の家

民族の家　階段室の照明

民族の家　レストランのレリーフ

6 カルロビ・バリ Karlovy Vary／7 マリアーンスケー・ラーズニェ Mariánské Lázně

ヨーロッパには無数の温泉がある。
ドイツのバーデン・バーデン、ヴィースバーデン
フランスのヴィシー、ヴィッテル
オーストリアのバート・イシュル
スイスのバーデン、イタリアのサルソマッジョーレ
ハンガリーのブダペスト
イギリスのバースやアイスランドのレイキャビクにもある。

さらに、ロシア、北カフカースのキスロヴォトスクはアールヌーヴォーの街だという。

そして、チェコのムシェネーの食堂は見事なアールヌーヴォーだと藤森照信氏が『西洋温泉事情』の中で書いている。この建物の設計者ヤン・レツルは、広島の原爆ドームの設計者でもある。

資料によるとチェコ国内には政府が指定した温泉保養地が100以上もあるという。

その中でも有名なのが、カルロビ・バリとマリアーンスケー・ラーズニェだ。

この2つの温泉地は近くにあって30㎞も離れていない。いずれも高級ホテルが立ち並ぶ、有数の温泉地である。

日本の温泉は湯につかるものだが、ヨーロッパでは温泉は飲むものだ。また、温度が適度な所は、温泉プールで泳ぐ。プールだから当然男女混浴で、水着を着て泳ぐ。

温泉地には不思議とアールヌーヴォー建築がある。まず、コロナーダと呼ばれるオープンモールがある。大抵は鉄骨造りで、様式はアールヌーヴォーの範疇に入る。

ホテルやスパもアールヌーヴォー建築が見られる。

カルロビ・バリはテプラー川の両側にホテルや様々な施設が並ぶ。山形県の銀山温泉とよく似ている。

最奥には中欧で最も有名な超豪華ホテルである「グランドホテル・プップ」があり、値段が高いにもかかわらず、いつも賑わっている。

その温泉街の中程に完全なアールヌーヴォー様式の建物がある。元は銀行だったが、今は住宅として使われているようだ。

マリアーンスケー・ラーズニェは、駅から北に向かっていくと最奥にクロス温泉のパビリオンがあり、その辺りにたくさんの源泉がある。道の左側に高級ホテル、マンションが立ち並び、右側はおおむね森林浴のできる森で占められている。

カルロビ・バリ

元銀行(表)

元銀行(裏)

温泉のコロナーダ

温泉のホテル街と
コロナーダ(右)

豪華ホテルが立ち並ぶそのさまは、旅行者をリッチな気分にさせてくれる。

また、マリアーンスケー・ラーズニェは英語読みで「マリエンバード」と読み、１９６１年のアラン・レネ監督による『去年マリエンバードで』という映画の舞台となり、難解なストーリーとココ・シャネルがデザインした衣装が有名になった。

ホテル　アトランチック

筆者が泊まったホテル　プーシキン

用途不明

バロック風味のアールヌーヴォーホテル

集合住宅

集合住宅

温泉のコロナーダ

温泉街の集合住宅

温泉ホテル街の集合住宅

ゲント（ベルギー） Gent

ゲントは首都ブリュッセルから鉄道でわずか40分。人口25万人の歴史の古い中世の町だ。

この町に驚くほど多くのアールヌーヴォー建築がある。行き方は簡単だ。

ゲント・セント・ピータース駅を出て、駅前の大通りブルグラーベン通りを右に向かう。1分も歩けば両側に楽園ともいうべきアールヌーヴォー建築が林立している。そうでない建物を見つけるのが難しいくらいだ。これ程の密度を持つ通りはブダペストのバーチ通りか北欧ノルウェーのオーレスンさらにラトヴィアのリガくらいしかない。

アールヌーヴォー建築は2軒続き、3軒続き、4軒続きと並んでいるので、じっくりと見て自分の好みのものを見つければ良い。1㎞も歩いて城砦公園をすぎる頃、左に曲がれば、そこにもあって、貴方はもうゲントの半分以上のアールヌーヴォー建築を見たことになる。そこからはまだ旧市街まで数キロあるので川を渡ってルーズベルトラーン通りにつながる通りを歩けば、3分の2は見たことになる。旧市街につけば、グラスレイやコーレンレイの中世の街並みを楽しめば良い。

（掲載されている写真はすべて集合住宅）

1900

5

スロヴァキア

Slovenská
（Slovakia）

1 ブラチスラヴァ Bratislava

ブラチスラヴァはスロヴァキアの首都。人口約42万人。オーストリアとハンガリーの国境に接している。ウィーンとはわずか60㎞しか離れていない。

しかし、ブラチスラヴァは9世紀から長い間ハンガリーの領土であり、首都になったこともある。同じハプスブルク帝国の領内にありながら、ウィーンよりもハンガリーとの結びつきが強い。

そういう訳で、ブラチスラヴァのアールヌーヴォー建築で高名なものはブダペストの建築家の設計によっている。

レヒネル・エデン Lechner Ödön（1845～1914）

まず、レヒネル・エデンによる青の教会とその隣にあるローマ・カトリック神学校。

青の教会は超有名で、旅行のガイドブックにも出ている。何度もリフォームされて、その美しい姿を保っている。神学校の方は、私が１９９３年に訪れた時は廃校同然だったが、２０１８年には美しくリフォームされて、学生も多くいた。

青の教会　1913　Ul. Bezručova

ローマカトリック神学校　1914

青の教会　内部

ローマカトリック神学校　1914　Ul. Červenej Armády

ヨゼフ・シラー Josef Schiller（生没年不詳）

青の教会の道路を隔てた横に、ヨゼフ・シラー設計の可愛らしい集合住宅がある。

シラーのもう1つの赤い集合住宅も、その近くのサファリコボ・ナムの公園の前にある。

シラーの最高傑作は、現在ブティック、ホテルになっているロセットホテルである。集合住宅を改装したもので、1泊170ユーロと高いが、連日満室状態らしい。

集合住宅　1904　Ul. Sienkiewiczova

集合住宅　1904　Šafárikovo nám 2

HOTEL ROSET　レリーフ詳細

HOTEL ROSET

ロセットホテル（元集合住宅）　1903　Ul. Štúrova 10

コモル・マルツェル
ヤコブ・デジュー

Komor Marcell（1868～1944）
Jakab Dezső（1864～1932）

面白いのは、ロセットホテルにコモル&ヤコブ設計の集合住宅が隣り合わせていることだ。１９０３年の作にしては古風である。バロックの面影が残るアールヌーヴォーで、色も茶一色で地味。資料が無かったら誰もコモル&ヤコブとは思わないだろう。しかし、壁にしっかりと銘板があって、コモル&ヤコブ作と書いてある。

コモル&ヤコブの集合住宅　銘板

集合住宅　1903　Ul. Štúrova 12

クールシ・アルベルト

Kőrössy Albert（1869～1955）

1918年のブラチスラヴァ訪問で一番見たかったのは、あのブダペストの美しい自邸を設計したクールシ・アルベルトの作品である銀行だった。それは市役所前の広場にあり、1階がレストランになっている。ファサードの一部が改変されていて、かつクリーム色1色で塗られていてメリハリがなかったが、それでも十分美しかった。また、食堂内部には、建設当時のモザイクタイルによるレリーフが多く残されていて楽しかった。

コシツェのスラヴィアホテルも元銀行で、1階がレストランだった。両方とも創業以来レストランで、私の思うに、当時はまだ銀行が設立されて間がなく、今のように堂々と入ってゆく建物ではなく、脇の小さい入口から2階に上ってゆくシステムではなかったかと想像した。

資料にはレヒネル・エデンのパートナーだったパールトシュ・ジュラの郵便局があったが、残念ながら、新しい大きな、平凡な郵便局に建て替わっていた。

銀行ビル　1階のレストラン　モザイクタイルのレリーフ

銀行ビル　1911　クールシ・アルベルト＆キース・ゲーザ
Rybárska Brána　銀行は2階にあったと思われる

銀行ビル　1911　クールシ・アルベルト＆キース・ゲーザ　力強いレリーフ

その他の建築

宿をとったラジソン・ブル・カールトン・ホテルの近くのKúpelná通りやPalackeno通りを歩くと、バロックアールヌーヴォーやルネッサンスアールヌーヴォーの集合住宅が数え切れないくらいあって楽しかった。こういう擬アールヌーヴォーの建物も分類に入れて考えるべきだと強く思ったことだった。

市庁舎前広場にある銀行ビル１階のレストラン

怒れる男

イバラ男のレリーフ

舌長男

トカゲ

集合住宅　1904　Melczer Zsigmond他
Šafárikovo nám 4　ゴシックアールヌーヴォー

改革派教会　1913　ウィマー・フェレツ他
Nam. S.N.P

バロックアールヌーヴォー

ゴシックアールヌーヴォー

ルネッサンスアールヌーヴォー

ペリカンのレリーフ

今は無き郵便局　1903　パールトシュ・ジュラ

2 コシツェ Košice

コシツェは人口24万人。スロヴァキア第2の都市。ヨーロッパでは大きい方だ。

プレショフと同じくハンガリーとポーランドの通商路にあり、早くから栄えた町。

14世紀には帝国自由都市の認可を受けている。これもプレショフと同じ。

この町を２０１８年9月に訪れた。夏の旅行シーズンは終わっているはずなのに、客室が１７０もある４つ星ホテルが満室。フロントでこの町で一番見たかった建物をスマホで見せるとすぐ近くだという。

銀行ビル

早速行ってみると、何とその建物はスラヴィアという名のホテルになっている。伝統的な建物をリフォームしたブティックホテルだ。少し高いが泊まることにした。最初あてがわれた部屋は4階の屋根裏で窓が小さい。窓の大きな部屋をと交渉すると、３階の真ん中の部屋をくれた。

この部屋は間口４・５ｍ、奥行12・５ｍで、56㎡もある。そして天井高が３・７ｍもあった。心地良い部屋だ。ちなみに部屋代は１６２ユーロ（2万1千円）。旅先で良いホテルに泊まると、一日中ハッピーになる。コシツェの町が大好きになった。

この建物の由来がわからない。資料では建設銀行のようであるが、シューベルトコーヒー店とも書いてある。当時の写真で見ても、1階の窓上にフランツ・シューベルト・ベンデグレージェ（レストラン）と書いてある。今も1階はレストランなので、自分では1階がレストラン、２階から上が銀行と解釈した。

それにしても綺麗な建物だ。破風には魔人が吐く水を汲む2人の裸体の男女が描かれていて、２階の窓の上の壁には水辺の鳥のレリーフがたくさんある。それが１２０年近くたっても色褪せず、美しさを保っている。アールヌーヴォーの1つの典型を見た気がした。

銀行ビル(現・ホテルスラヴィア)　破風のレリー

銀行ビル(現・ホテルスラヴィア)　1901
1階は当時も今もレストラン　Ul. Hlavná 63

ホテルスラヴィアの平面

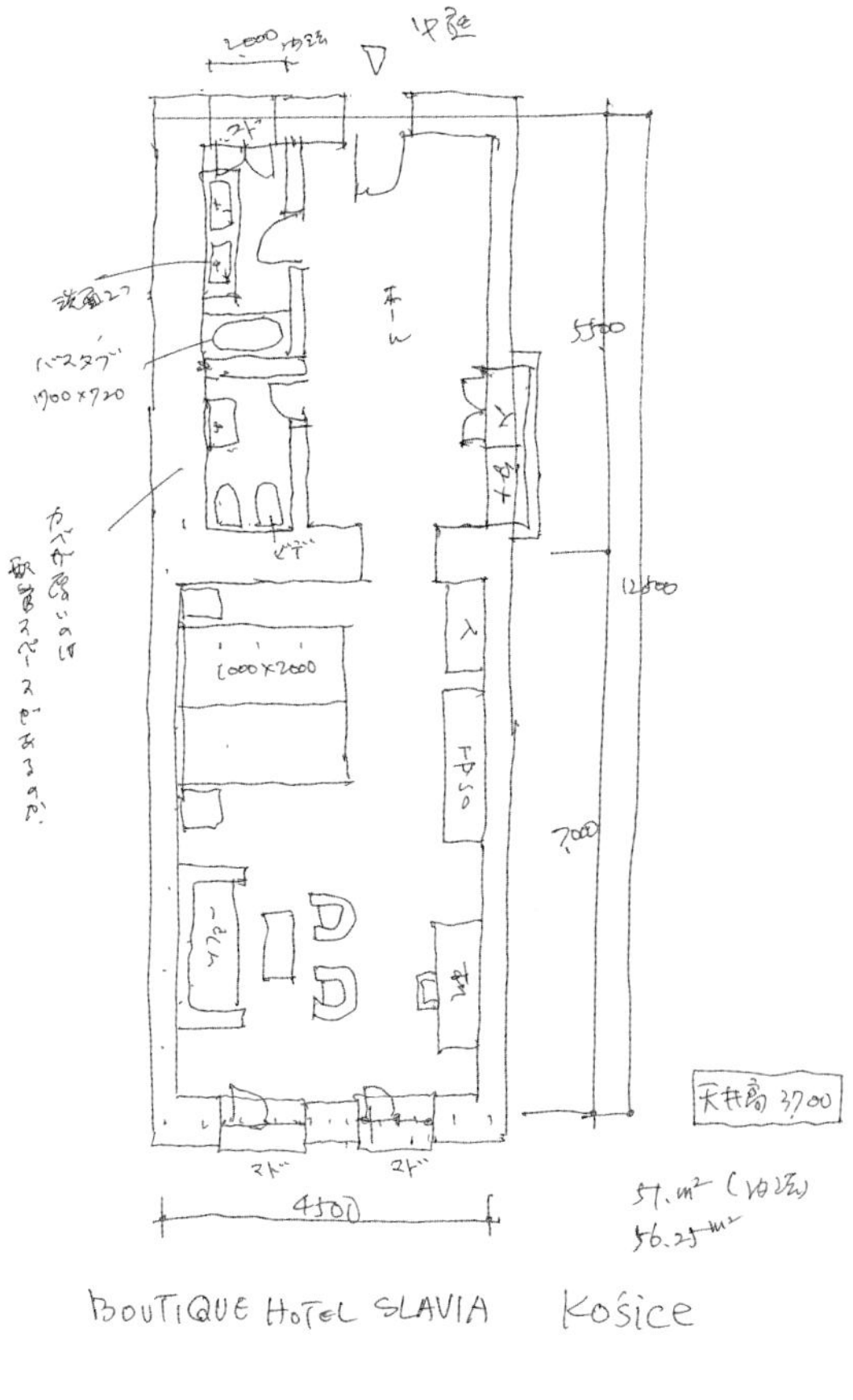

ライタ・ベーラ Lajta Béla（1873~1920）

ブダペストのスター建築家、ライタ・ベーラの作品がある。1913年というと、ライタはすでにモダニズムに向かっている時だが、彼はその中に装飾を折りこむことも忘れなかった。エントランスの上と、3階の窓飾りのフォルムはいつまでも記憶に残る。

ルーズベルト通りの集合住宅　玄関上のレリーフ
いかにもライタらしい意匠

ルーズベルト通りの集合住宅　1913
モダニズムアールヌーヴォー

ジョルジー・デーネシュ

György Dénes（1886～1961）

ジョルジー・デーネシュはブダペスト生まれ。ナショナルロマンティシズムの建築家として知られ、ブダペストに限らず、ハンガリー各地、ここスロヴァキアにも作品を残している。彼の作品は一部の例外を除いて、トランシルバニア風の急勾配の屋根がついている。

集合住宅　1911
ナショナルロマンティシズム
ジョルジー・デーネシュ
Ul. Moyzesova 24

コペチゼク・ジョルジイ

Kopeczek György（生没年不明）

この建築家は名前以外は不明。コシツェには国立建築学校の他にウラニアという劇場を設計している。相当力のある建築家だと思われる。

国立建築学校　玄関上の銅像

国立建築学校　1912
コペチゼク・ジョルジイ
Ul. Hviezdoslavova

変わりアールヌーヴォー

ホテルスラヴィアがオーソドックスなアールヌーヴォー建築の代表として、この町を歩いてみると、ほかにもルネッサンスアールヌーヴォー、クラシズムアールヌーヴォー、ゴシックアールヌーヴォー、バロックアールヌーヴォー、モダニズムアールヌーヴォーと呼ぶべき新分類のアールヌーヴォー建築がある。これにナショナルロマンティシズムを加えて、新しいアールヌーヴォーの分類があってもおかしくないと思う。

首都ブラチスラヴァでも同じ傾向が見られた。

フラヴナー通りの家　1898　用途不明　ルネッサンスアールヌーヴォー

集合住宅　ルネッサンス＋ゴシックアールヌーヴォー　Ul. Moyzesova 24

フラヴナー通り　76番地の集合住宅
トリノのフェノーリオによる
スコット邸の到来を予感する
バロックアールヌーヴォー

集合住宅
クラシズムアールヌーヴォー

ムリンスケー通りの店舗
Ul. Młyńska

パラペットの両側に女神像
フラヴナー通り

3 プレショフ Prešov

プレショフは人口9万人。スロヴァキア第3の都市。イスタンブールからソフィア、ベオグラード、ブダペスト、コシツェを経てワルシャワから遠くバルト海にいたる交易の路上にあり古くから栄えた町である。

1299年には都市の特権である自治権を得て、歴史に登場する。

1887年、町は大火に遭い、大災害を受ける。もともとネオ・ゴシックやネオ・ルネッサンスの町であり、建物は昔のままに再建された。

しかし、再建の時期がアールヌーヴォーの流行期にあたり、そう多くはないが、その種の建物がある。時あたかもブダペストではアールヌーヴォー全盛で、そこからミシュコルツ、コシツェを経て流行が伝わったと思われる。

グラース・ヴィルモシュ

Glasz Vilmos（生没年不詳）

スケートパビリオン及び銀行ビルを設計した、グラース・ヴィルモシュはセゲドの人で、この2つの建物によって建築史に名を残している。

私が訪れた2018年にはスケートパビリオンはかなり古びていたが、4つ星ホテルのロビーになっていて、後方に客室の建物があり、大変賑わっていた。あえて修復しないまま、107年前の姿で営業しているホテルの姿勢に好感を持ったことだった。

銀行ビルは大通りの1丁目、1番地にあり、2つのドームを持つ建物で、4体の人物像の下に飛行機、蒸気機関車、蒸気船の壁画があり、当時の最先端を行くビルだという気概が感じられた。

19世紀後半から市民権を得たユダヤ人による銀行の設立が相次いでいたので、この銀行もユダヤ系と思われる。

スケートパビリオン(現・ホテル)　1911　Ul. Ulica Okružná

スケートパビリオン　1911　スケートの壁絵

銀行ビル
グラース・ヴィルモシュ

銀行ビル　1923
Ul. Červenej Armády 1

銀行ビル

シナゴーグ

銀行ビルのすぐ近くにシナゴーグがあり、内部が公開されている。外観に比して内部は驚くほど装飾に満ちていて、イスラム教のモスクとも見まごうほどの美しさ。2階が展示場になっていることもあり、見学者が引きも切らない。

記録によれば、第2次世界大戦前、プレショフのユダヤ人は人口の25%を占めていたという。

しかしその90%にあたる6400人が強制収容所へ送られ、帰ってこなかったという。

シナゴーグ　祭壇

このシナゴーグが建てられた19世紀末はまだ反ユダヤ思想はそれほどではなく、富裕なユダヤ人達にとっては希望に満ちた20世紀を迎えたことと思われる。このシナゴーグや銀行ビルが今なお残っていることは、残った10%の人々の頑張りの賜物と思われ、複雑な気持ちで見学したことだった。

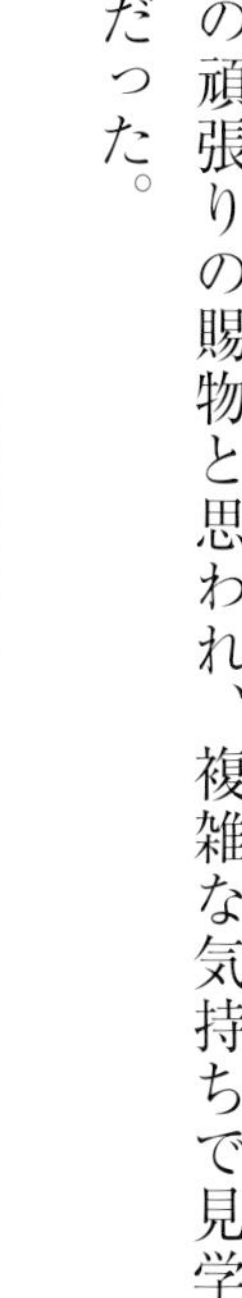

シナゴーグ　1898
Okružná 32

シナゴーグ　1898

その他の建築

この町のメイン通りであるフラヴナー通りに地域博物館がある。ガイドブックにはルネッサンス様式と書いてあるが、どこがルネッサンスか判然としない。むしろ私にはアールヌーヴォー的な匂いが感じられた。

その2、3軒隣にこれぞアールヌーヴォーという感じの建物があった。破風の部分に3本のパラペットが立ち上り、窓上の額縁のような部分に4羽の鳥が描かれていて（多分フレスコ画と思われる）、構成がとても、とてもアールヌーヴォー的である。この建物こそこの町1番と気に入ってしまった。

そのほかにも通りがかりにちょっと気になる建物がいくつかあった。

この町はコシツェから鉄道で30分足らず。日帰りでも十分行ける良い街だった。

地域博物館　Ul. Hlavná

フラヴナー通りの店舗　Ul. Hlavná　これぞアールヌーヴォー

フラヴナー通りの店舗

フラヴナー通りの店舗

4 ピエシュチャニ Piešťany

ピエシュチャニは首都ブラチスラヴァから北へ鉄道で1時間程。ドナウ川の支流ヴァーグ川の畔にあるスロヴァキアで最も大きく、そして最もよく知られた温泉の町である。現在の人口は約3万人。

20世紀初頭、大きなホテルがいくつも造られ、人々は湯治に押しかけた。泉質は硫黄泉で、湯温は60℃ほど。客はこの温泉を飲み、風呂につかり、そして泳ぐ。第1次世界大戦前の束の間の繁栄の時代。湯につかり飲食することは最大の楽しみだった。

そしてこの時代こそアールヌーヴォー建築の絶頂期で、ドイツのバーデン・バーデン、ヴィースバーデン、チェコのカルロビ・バリ、マリアーンスケー・ラーズニェ、ロシアのキスロヴォトスク、ハンガリーのブダペストなどに多くのアールヌーヴォー様式による温泉施設が建てられた。

ベーム・ヘンリク
Böhm Henrik（1867～1936）
ヘゲデュース・アールミン
Hegedűs Ármin（1869～1945）

この2歳違いの2人は1894年から40年にわたって共同で設計にあたり、数々の名作を世に生み出した。

テルミアホテル　1912　左・温泉棟　右・客室棟

その2人の最高傑作がこの地にあるテルミアホテルである。

このホテルは客室棟と温泉棟に別れていて、双方は渡り廊下で行き来できる。

5つ星のこのホテルは温泉ホテルらしく2食付いて、レストランの席は客ごとに指定されていて、朝、夕食ともにメインディッシュはメニューから指定できる。

温泉棟には大浴場とプールがあり、浴場には裸で入る。水温は39℃で、湯船に20分間つかる。この20分間連続して湯につかるというのは相当根性がいる。そのあと薄暗い部

テルミアホテル　エントランス

テルミアホテル　正面

館内サイン

看板塔詳細

屋根周り

テルミアホテル　レストラン

屋のベッドに横になり、シーツにくるまり、その上から毛布で包まれて、さらに20分。硫黄泉で温まった身体は、大量の汗を吹き出す。これがスロヴァキア式のサウナだ。

このホテルは1909年に工事が始まり、1912年に完成した。

ヘゲデュース・アールミンはこのあとブダペストのゲレルト温泉、ホテルを設計することになる。

ヘンリクとヘゲデュースの2人はこの街にテルミアホテル以外に劇場、病院、サナトリウム、もう1つのホテルを設計したことが資料に載っているが、劇場はすでに建て替えられており、他の建物もホテルのコンシェルジュもわからないということだった。

テルミアホテル・温泉は完全なアールヌーヴォー様式で建てられており、外観、内装共にアールヌーヴォーデザインの宝庫で、3日間滞在したが飽きることがなかった。

階段ステンドグラス

プール大天井

温泉棟

3つのホテル

（1）グランド・ホテル

この街の一番の繁華街が Winterova 通りである。この通りにアールヌーヴォー建築が集中している。その中で最も目立つのがグランドホテルだ。

3階建てで規模も大きいこのホテルは、この目抜き通りにある。典型的なアールヌーヴォー様式で建てられている。このホテルは菩提樹ホテルと呼ばれていたらしい。

（2）診療所を兼ねたホテル

通りの一番はじの方に診療所か薬局らしい建物がある。3階建ての下の方に石を積んだナショナルロマンティシズムの建物である。この建物がネットで見ると Kozmetika Moja としてホテルの項に出てくる。一目見て薬局かと思った。人の出入を見るとホテルには見えない。しかもネットの内部の写真では診察用ベッドが出てくる。どうもこの建物は保養地によくある短期入院のできる診療所ではないか。

表の看板にドクターの名前と薬局の緑のサインがあるので「当たらずとも遠からず」と見た。

（3）公園にある大きなホテル

資料に写真付でこのホテルが出ている。外観もパッとしないが一応載せておくことにした。現在はクローズしている。

グランドホテル（菩提樹ホテル）　ベーム・ヘンリク＆ヘゲデュース・アールミン

診療所兼ホテル

Rónai-Nagyszálló　1906　Adolf Oberländer

グランドホテル窓周り

グランドホテル全景

Winterova通りの建物

目抜き通りには、ほかにもちゃんとしたアールヌーヴォー建築がたくさんある。その中で最もアールヌーヴォーらしいのを数件取り上げた。

商業ビルエントランス

集合住宅

集合住宅

集合住宅のレリーフ

5 トレンチーン Trenčín

古代ローマ帝国はイギリスのスコットランドまで領地を延ばしたが、中央ヨーロッパにおいてはここ、トレンチーンが最北端だった。

中世には地中海とバルト海を結ぶ交易路の線上にあって発展した。

現在の人口は約5万5千人。温泉地で知られるピエシュチャニとトレンチ・テプリツェの中間にある。

この町で最も有名な建物はエリザベートホテルである。私の分類に従うとバロック風味のアールヌーヴォー建築となる。

キャッスルホテルの雄として世界的に評価されているが、ネットで見る限りはアールヌーヴォー建築とは見えなかった。トレンチーンに来て、実際に見てみると資料でアールヌーヴォーに分類されている意味がわかった。アールヌーヴォーの意匠がそこかしこに見られるのだ。

このホテルからミエロヴェー広場を通って市庁舎のある中心地へ行くと立派なシナゴーグがある。その向かいに小ぶりだがとても良いアールヌーヴォー建築がある。ピンクに白で花模様をあしらったその外観はアールヌーヴォーの王道だ。

エリザベートホテル

通りを右に曲がって引き返すと大きなギムナジウムがある。ヴェンド・ヴェルドを思わせる重厚な造りだ。そして駅まで戻るとペンションがあり、塔が印象的な良い建築だった。

エリザベートホテル窓詳細

エリザベートホテル全景　後方はトレンチーン城

スロヴァキアの代表的シナゴーグ(トレンチーン)

店舗付住宅

店舗付住宅（これぞアールヌーヴォー）

ギムナジウム　Palackého通り

集合住宅

駅の側のペンション

6

セルビア

Република

（Serbia）

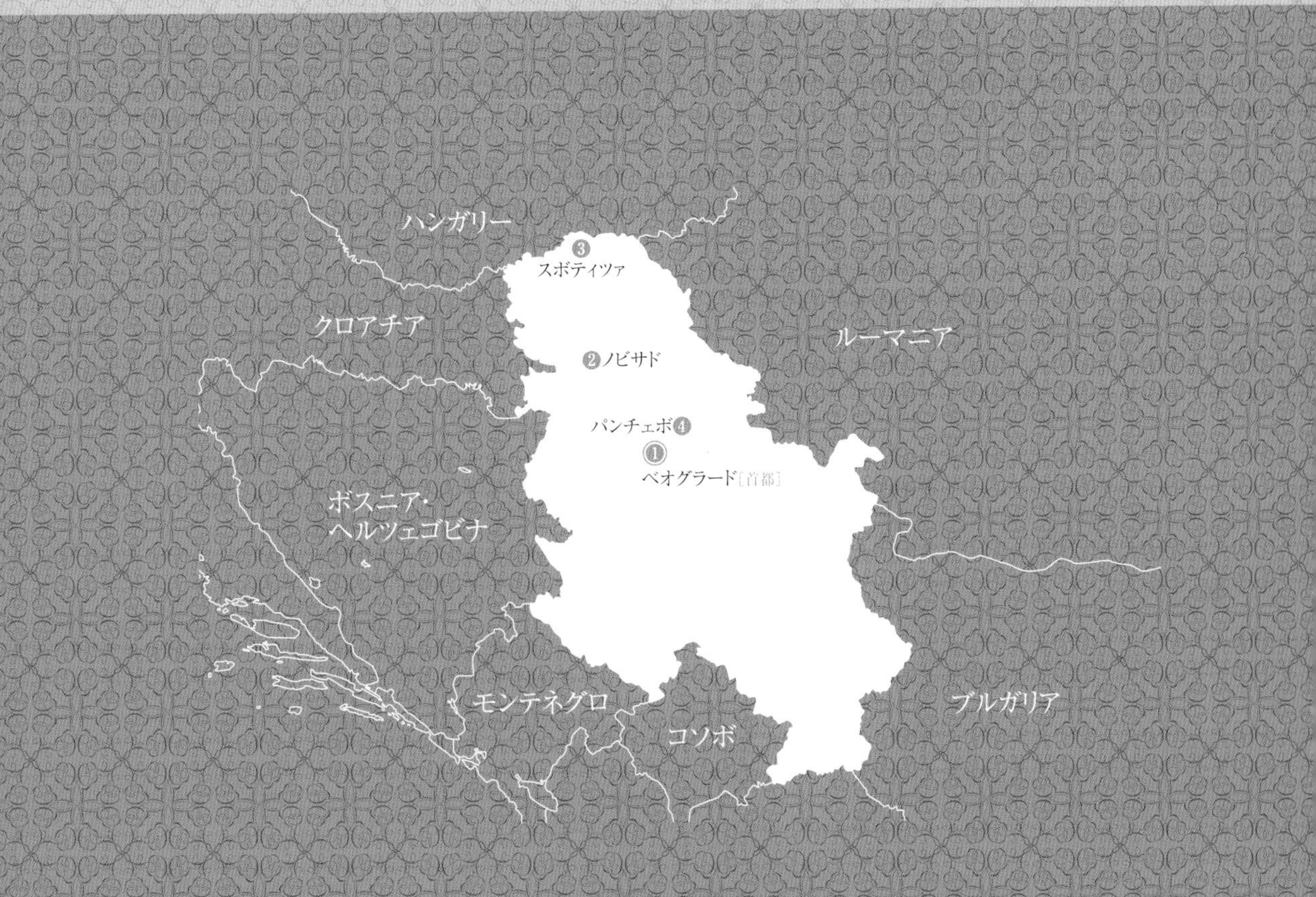

1 ベオグラード Београд

ベオグラードはセルビアの首都。

今は7つの国に分裂した旧ユーゴスラビアの首都でもあった。

本書の副題は「ハプスブルクの輝き」である。つまり、旧ハプスブルク帝国内のアールヌーヴォー都市を特集することを目的としている。

しかし、ベオグラードはハプスブルク領には入っていなかった。少し北のノビサドは入っていた。つまり今のセルビアの北3分の1がハプスブルク領だったわけだ。現在のセルビアの第2、第3の都市、ノビサド、スボティツァにはアールヌーヴォー建築がとても多い。しかも有名建築家の由緒正しい建築が多い。

セルビアには、走り走りながらも一度来たことがあり、アールヌーヴォー建築があることはわかっていた。本書の出版にあたって2018年6月に2度目の来訪をし、2泊して、しっかり町を歩いてみた。

ベオグラードはちょっと面白い地形にある。

まず、ドナウ川が西から東へ水平に流れている。それに南からサヴァ川が南から北へ直角に侵入してくる。T字形の右岸、つまり東岸がベオグラードである。T路形の左側、ノヴィ・ベオグラードやゼムンといわれている所はハプスブルク領だったというからややこしい。

結局ハプスブルク領でなくてもアールヌーヴォーの波はベオグラードにも達していた。

結果としてたくさんのアールヌーヴォー建築があった。多くがよく設計されていて、レベルの高い出来栄えだった。

しかし、設計者や建築年がわかる建物はごく少なく、『ベオグラード』という一般的な観光本に頼るしかなかった。

結論的にいうと、クネズ・ミハイロ通りという、ベオグラードの南北を縦断する3㎞ほどの道を、北のカレメグダン公園から南の聖サヴァ教会まで往復するだけで、大方の仕事は済んだ。

モスクワ・ホテル

ちょうど、クネズ・ミハイロ通りの真ん中あたりにあるモスクワ・ホテルに泊まった。この建物そのものがアールヌーヴォー建築なので都合が良い。ただ、多くのアールヌーヴォー建築がそうであるように、中はシンプルだった。ホテルを出て北に向かう。共和国広場あたりから歩行者天国になる。

ホテル・モスクワ　レリーフ

ホテル・モスクワ　20世紀初頭　設計者不詳

クネズ・ミハイロ通りの建物

レヒネル・エデンの地質学研究所もどきの地球を背負った男たちの像が2対ある白いオフィスビルや元銀行をホテルに転用したホテルヨーロッパなどが目につく。

この前来た時に、バスから見た緑の建物の方へ真直に歩いていく。公園から2つ目の通りの角にそれはあった。しかも2軒隣同士で。

まず、緑の建物は商人スタメンコヴィッチの家で、緑のタイルで存在感がある。この建物は裏まで続いていて、裏にもう一つの顔がある。

隣のアロン・レビの家はなかなか凝った建物で、女性の顔の周りに花がいっぱい。この建物だけStojan Titelbah と

共和国広場のオフィスビル

ホテルヨーロッパ（旧クレディットバンクオブプラハ）
1930　クネズ・ミハイロ通り

ホテルヨーロッパ　レリーフ詳細

商人スタメンコヴィッチの家　クネズ・ミハイロ通り

アロン・レビの家　クネズ・ミハイロ通り　Stojan Titelbah

アロン・レビの家　レリーフ詳細

商人スタメンコヴィッチの家　レリーフ詳細

設計者がわかる。いったいなんと読むのだろう。

コペンハーゲンから来た人も一眼レフを構えて、しきりに写真を撮っていた。

初期の目的を果たして南へ歩く。ネオ・バロックやネオ・ルネッサンス風のしっかりした建物が両側に続く。

それらの中にパレス・オブ・セルビアン・アカデミーという建物があり、純粋なアールヌーヴォーではないが、良い建物と評価した。そこを少し入ると袋小路があり、突き当たりに捨て難い端正なアパートがあった。

オーダー（列柱）の頭部のデザインがペルーで見たインカのものと似ていて

The Palace of the Serbian Academy of Arts and Sciences　1924　クネズ・ミハイロ通り

袋小路の集合住宅(柱頭に注目)

クネズ・ミハイロ通り39の集合住宅　窓周り詳細

クネズ・ミハイロ通り39の集合住宅(ウィーン・ゼツェッション風)

面白かった。

モスクワホテルを過ぎてさらに南下すると、ウィーンゼツェッション風の白い5階建のアパートがある。定番の女性像があり、花に囲まれて美しい。

そのすぐ脇にも、ほぼ全面がガラス貼りの、これもアールヌーヴォーの範ちゅうに入るオフィスビルがあった。両側に壁を取り、女神像をツインであしらったうまい手法だ。

その反対側に判事ゴルボの家がある。これはロシア風だが、玄関などなかなか良くできている。

旅行案内書に気になる建物があったので、ホテルで聞くと電話交換局だという。ホテルに近い国会議事堂の裏にあ

クネズ・ミハイロ通り16の商業住宅

判事ゴルボビッチの家　壁の装飾

判事ゴルボビッチの家　1912　クネズ・ミハイロ通り

旧電話交換局　1908　国会議事堂裏

女神と鳥のレリーフ

るので、早起きして行ってみた。これもしっかりした建物で、とても大きくて、ワンブロック全部占領しているが、街路樹がじゃまをして、後ろの写真は撮れなかった。

クネズ・ミハイロ通りは、ユーゴスラビアの内戦の時、１９９９年にＮＡＴＯによって爆撃されたというが、その影響は感じられなかった。

市内の建物には新旧にかかわらず、さまざまな像やレリーフがついているが、中でもヤギ頭と支那人の女性像が特に気に入った。

内戦ではボスニア・ヘルツェゴビナやコソボで激しい戦いがあったが、それも終結し、今は治安も良く、人々は毎日を楽しんでいるように見えた。

ヤギ頭

中国少女のレリーフ

2 ノビサド Нови Сад

セルビア第2の都市、ノビサド。元の名はÚjvidék ラーイビデークという。

この町は1918年まで、ハプスブルク帝国領だった。そのためか、故事来歴のはっきりしたアールヌーヴォー建築がある。

バウムホルン・リポート Baumhorn Lipót（1860～1932）

この町の主役はバウムホルン・リポートである。リポートはユダヤ教会であるシナゴーグを計24も設計した建築家として知られる。

ここノビサドでもシナゴーグを設計しているが、大通りに面した部分に主入口があり、右手に神学校、左手に宿舎を配した巨大なプロジェクトである。中庭側にも、もう1つ出入口がある。

セルビア第2の都市であるノビサドにこれだけのシナゴーグがあるということは、とりも直さず、20世紀初頭に、この町に多くのユダヤ人が住み、かつ経済面を主動していたことがわかる。

バウムホルン・リポートは、ハンガリー北部のキシュベール（Kisbér）の生まれ。1883年に技術専門学校を出て、レヒネル・エデンの事務所に10年間勤務した。

レヒネルの手法に、外壁面を白いスタッコで塗り、柱など一部分にレンガタイルを貼って彫刻的効果を出すやり方があるが、このシナゴーグや神学校もその手法が採用されている。建設費を抑え、かつ目立ちすぎない、堅実なスタイルである。

もう1つの建物、マルコビッァの集合住宅も同じやり方で建設されている。しかしながら、リポートの作品は、むしろ装飾的な建物にこそ、その真骨頂が発揮される。別の項で述べるが、セゲドのシナゴーグは、光り輝いて美しい。

同じくセゲドの銀行本店は、ネオ・ルネッサンス式で古典的かつ、装飾的な建物である。ここノビサドの銀行ビルも同じスタイルだが、玄関などはよく見るとかなり凝っている。柱頭のカギ型が、ペルーで見た建物と全く同じで、遠く離れた場所に同じデザインが出現するのも面白い。

この町で実は私が一番見たかった建物は、市役所前の大通りにあるメンラーツ邸である。

資料の写真で見て、妙に気になっていた。まず、建物の

シナゴーグ　1909　中庭面の入口
Ul. Jugoslovenske Narodne Armije

ユダヤ教神学校　1909　シナゴーグ敷地内

銀行ビル　1907　Trg Slobode 7

銀行ビル　玄関詳細　1907

大きさが測りかねていた。小さなモノクロ写真では巨大な建物に見えた。実際に見てみると、横に長い4階建の建物で、それほど大きくはなかった。ややバロックの匂いのするアールヌーヴォーだが、4階のガラス部分が先進的で、それが気になっていたかもしれない。

リポートは1907年に銀行ビルを建て、シナゴーグなど他の3件は1909年に同時に建てている。他の建築家の作品も、ほぼ同時期に建てられていて、この市役所周辺は建築ラッシュだったと偲ばれて、「ニヤッ」としてしまった。

メンラーツ邸　詳細

メンラーツ邸　1909　Narodnih Heroja 14

マルコビツァの集合住宅　正面詳細　1909

集合住宅　1909　Trg Toze Markovića 12

アールカイ・アラダール

Árkay Aladár (1868～1932)

他の有名建築家の作品として、シナゴーグの近くにアールカイ・アラダールのアパートがある。はじめは、えらくシンプルな建物のように思えたが、じっと眺めていると、なかなか良い建物に思えてきた。

アパート　1906　Ul. Šafaříkova 7

マールクシュ・ゲーザ

Márkus Géza (1872～1912)

もう1つ、シナゴーグの手前に、マールクシュ・ゲーザのアダモビッチュ宮殿と呼ばれる集合住宅がある。

ケチケメートであの派手な装飾宮殿（1902）を建てたマールクシュが、8年後にこれほどおとなしい住宅を建てたとは思われず、これは資料のミスではないかと思われた。ついでにいうと、先述のメンラーツ邸が『世紀転換期のマジャール建築』ではリポート作となっているが、三宅理一先生の『世紀末建築』ではマールクシュ・ゲーザの作となっている。

アダモビッチュ宮殿　1910　Trg Mladenaca 4-6-8
右端にシナゴーグのキューポラが見える

ペクロ・ベーラ Peklo Béla（生没年不詳）

また、市庁舎広場には多くのアールヌーヴォー建築がある中で、ペクロ・ベーラのヴァッセンベル邸とギムナジウム（高等学校）が、やや古典的な姿を見せていた。

ほかにも歩いてみると、多くのアールヌーヴォー建築があり、MILEIKA通りには資料にない、平屋の住宅がピンクの輝きを放っていた。

ノビサドはハンガリーから行くと、とても遠いが、セルビアのベオグラードから行くと90分で着く。ハンガリーとセルビアはどうも仲が良くないようで、国境で鉄道が1時間も止められる。

ヴァッセンベル邸　1907　Ul. Njegoševa 2

ギムナジウム（高等学校）　1910　Ul. Jugoslovenske Narodne Armije 78~81

その他のアールヌーヴォー建築

集合住宅
Ul. Njegoševa 16

集合住宅
Ul. Narodnih Heroja 10

Winkle-has
Ul. Narodnih Heroja 5

MILEIKA通りの住宅　玄関詳細

集合住宅　Katolička porta 2

MILEIKA通りの住宅

3 スボティツァ Суботица

スボティツァはセルビアの北の端、ハンガリーとの国境近くにある。17世紀末から20世紀初頭までハプスブルク帝国領で、マリア・テレジオーペルと呼ばれていた。ハンガリー名はサバトカ（Szabadka）。

この町はライヒレ・フェレンツとコモル&ヤコブが競いあった楽しい町である。

ライヒレ・フェレンツ Raichle Ferenc（1869~1960）
レヒネル・エデン Lechner Ödön（1845~1914）

スボティツァ駅を降りて、道路に出ると真正面のほんの１００ｍぐらいの所にライヒレ宮殿の派手な姿が見える。まるでテーマパークのために建てられた建物のようだ。このライヒレ宮殿は見所だらけなのでゆっくり見るとして、実はその前に見逃せない建物がある。駅を出て、20ｍも歩くと右側の街路樹の間から、薄汚れたタイルの建物が見えてくる。平凡な建物に見えるが、よく見ると窓の上に花模様があったりして、妙に気になる建物だ。スボティツァ市の銘板が貼ってあるが、プラスチック製で、肝心の文章の部分が割れてなくなっている。下の方に辛うじて、「ö」の文字だけが残っている。そう、この建物はエデン・レヒネルとパールトシュ・ジュラの設計した建物なのだ。１８９１年に設計して１８９３年に完成したレオヴィチ邸。レヒネルにしては地味な建物。

ケチケメートの市庁舎やブダペスト応用美術館のコンペに挑戦している頃で、このコンペに勝って、レヒネル流がスタートするのだが、その前の設計である。

あの偉大なレヒネルでもこの程度の建物を造っていたとわかる貴重な歴史の証人となる建物である。

さて、ライヒレ宮殿。ジョルナイ工房のセラミックをふんだんに使ったこの派手な建物は、スボティツァの人々の心をつかんだ。市民はこの建物をライヒレ宮殿と呼ぶようになった。１９０４年の完成。ライヒレはこの隣に翌年自邸を建てた。２つの建物は外観も似ているが、中でもつながっている。現在は美術館になっているので、小額の入場料を払えば中に入れる。内装も手抜きなしに装飾いっぱいなので、楽しいことこの上ない。

大抵のアールヌーヴォー建築のうち、特に集合住宅などは、外観は派手でも、内部はシンプルで無味なものが多い。しかも、たまたま内装もアールヌーヴォー仕様であっ

ライヒレ宮殿　1904　ライヒレ・フェレンツ　Park Ferenc Rajhl

ライヒレ自邸　1905　ライヒレ・フェレンツ　Park Ferenc Rajhl

ライヒレ宮殿内部

ても、中には入れないことが多い。ゆっくり内側を見た後、中庭に入れば、この建物の裏の顔が見える。正面の派手さと違って、背面は白一色。モノトーンで、しかも巧みなデザインが施されていて、まるで２つのアールヌーヴォー建築を見るような錯覚にとらわれる。

近年、レストランが併設されて、気候が良ければ、中庭でゆっくりビールを飲みながら、食事ができる。

２０１６年に初めて行った時は工事中だった。２０１８年６月に２度目に行った時はレストランが営業していて、うまいビールを飲みながら、でっかいピザをたいらげたことだった。

ライヒレ宮殿　中庭側窓

ライヒレ宮殿　中庭側外観

ライヒレ宮殿　玄関

ライヒレ宮殿の場所は、レーニンパークといっていたが、1991年以後はライヒレパークとなった。東欧の町はどこでもそうだが、主要な通りの1つがレーニン通りとなっていた。ソ連から独立した今は、大抵名前が変わっているので要注意だ。ただ、番地はそのままで、地図では変わっていても、元の真鍮のプレートがそのままだったりする。この本でもその変化に十分には対応できていないのでスミマセン。

レオヴィチ邸　レヒネル・エデン　1893　Leovics Simon Palotája
ライヒレパーク(駅前通)　ライヒレもこんなものを造っていた

コモル・マルツェル
ヤコブ・デジュー

Komor Marcell（1868～1944）
Jakab Dezső（1864～1932）

ライヒレの最大のライバルは、コモルとヤコブのコンビである。コモルとヤコブの動きを年代別に追っていこう。

2人のコンビはレヒネルの事務所で腕を磨いたせいもあり、作品は衝撃的なほどスキャンダラスでうまい。

そして、ユダヤ人社会との良好な関係を持っていたので、ユダヤ人からの注文が多かった。

1848年にハプスブルク皇帝フランツ・ヨーゼフ一世は、ユダヤ人の移動を許可した。それまで決められた場所でしか生活できなかったユダヤ人に福音が訪れたのだった。さらに1867年、皇帝はそれまで「よそ者」だったユダヤ人に、ついに市民権を与えた。利子を取る金融によって、力をつけてきたユダヤ人の一部の人は、度重なる戦争で、戦費の嵩むハプスブルク家に多額の金を融資するまでになっていて、その功績が皇帝を動かした。

市民権を得たユダヤ人達は、自由に好きな土地に行けるようになった。そして、銀行を設立することができた。

19世紀後半、ヨーロッパ各地に銀行が設立されたが、そのほとんどはユダヤ人によってだといわれている。

そして、スボティツァにもシナゴーグが建設されることになり、設計はコモルとヤコブのチームに託された。

2人はレヒネルの事務所で習い覚えた手法、白しっくいの壁にジョルナイの色タイルやレンガで輪郭線を描き、デザインを整える。屋根はもちろんジョルナイの緑色の瓦だ。

この手法で工費を安く抑えることができた。その浮いた分を内装に回して、ステンドグラスやフレスコ画の手法で描く絵や、金張りの装飾を実現することができた。

シナゴーグは1902年に完成した。続いてすぐ近くに1904年ユダヤ教・教会区本部を完成。さらに市役所前のキドリッツァ通りに貯蓄銀行が1907年に完成。

建物が完成する度に、見たことのないデザインの建物が出現するので、市民は驚いた。しかし概ね好評だった。

ブダペストに事務所を持つコモル&ヤコブは大忙しで、オラデアでもあの黒鷲ホテルを1908年に竣工。

コモル&ヤコブのアールヌーヴォースタイルは完璧に完成していた。1907年はトゥルグ・ムレシュの市庁舎のコンペに勝利。1908年にはここ、スボティツァの市庁舎のコンペが行われ、当然の如く勝利する。1909年にトゥルグ・ムレシュの、1910年にスボティツァの世界に冠たる市庁舎が出現したのだった。

この市庁舎の出現が関係したかどうかはわからないが、この頃、ライヒレ・フェレンツはスボティツァを去り、セゲドに移る。そして、そこで伯爵宮殿や自邸を建設し、活躍を始めた。

ライヒレ・フェレンツは、この町にカジノなど6件の建物を設計、コモル&ヤコブは5件の建物を残している。

シナゴーグ内部

シナゴーグ　1902　Ul. 10 Oktobra

スボティツァ市庁舎　1910

スボティツァ市庁舎　頂部詳細

スボティツァ市庁舎
玄関ホール

貯蓄銀行　窓周り詳細

貯蓄銀行　1907
Ul. B Kidriča 6

ユダヤ教　教会区本部　1904
Ul. D. Tucovića 13

ヴァーゴー・ラースロー Vágó László（1875～1933）
ヴァーゴー・ヨージェフ Vágó József（1877～1947）

ブダペストの建築家としては、ヴァーゴー兄弟が現在の市立博物館を手がけている。

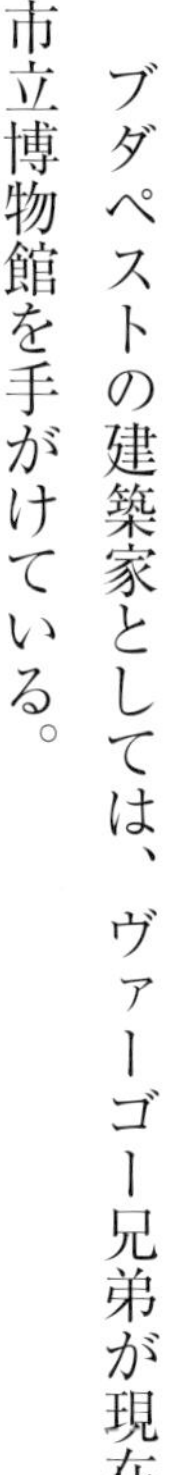

市立博物館　1906　Trg 29 Novembra 3

その他の建築

この町にはダコヴィッツァ通りやゴルコグ通りに多くの集合住宅が現存する。『世紀転換期のマジャール建築』には41件のアールヌーヴォー建築が記載されている。

ハンガリー領事館　玄関

旧サラモン・ゾンネンバーグ邸（現ハンガリー領事館）
1909　D. Daković u. 3

ライヒレパークの集合住宅　ライヒレ宮殿の隣

集合住宅　1928　Ul. Z Jovina 17

Town Tenement Palace（貸家宮殿）　1911
バダーシュ・パール　Ul. Cara Dušana 1

集合住宅　Ul. M Gorkog 8

ダコヴィッツァ通りの家　Ul. Dakovica 19

4 パンチェボ Панчево

パンチェボは、首都ベオグラードから北東へ15㎞の所にあり、バスで約30分。人口約9万人の衛星都市だ。ルーマニアのティミショアラに向かう要衝にあり、近年人口が急増しているが、元々はドナウ川のほとりの静かな町だった。

この町へ行った1番の目的は、大きなシナゴーグだ。ハプスブルク後期の地方都市（大都市もだが）は、ユダヤ人に金融の力で抑えられていた。その辺を解明したいという気持ちが強く、それはこの小さな町に大きなシナゴーグがあることが1つの説明になる。

（金利について）
ユダヤ教は生きのびるために貸金に金利をつけた。キリスト教ではルターが宗教改革の時に5％の金利を許したが、あまり普及しなかった。イスラム教では今も禁じられていて、金利にあたるものは「配当」だと説明している。

シナゴーグ

バスを降りて古いシナゴーグの写真を見せても誰も知らないという。地図を買おうと本屋を見つけて入った。そこのママさんが言うには、この近くにあったが壊されて今は塀しか残ってないそうだ。

シナゴーグ（現存せず）　Flara Géza

ライヒレ・フェレンツ

Raichle Ferenc（1869～1960）

地図を買って次の建物へ向かうが、大通りの名前が変わっていて、なかなか目的地につかない。それでも町の中心のもう1つの目的、農民銀行が見つかった。

この建物はセルビアとの国境に近いアパティンで生まれ、ブダペストに学び、セルビアのスボティツァ、ハンガリーのセゲドで活躍したライヒレ・フェレンツの設計といわれている。

ファサード上部を飾るジョルナイ焼のタイルは、かなり褪色しているが、美しさは変わらない。

銀行のほとんどはユダヤ人が設立したといわれているので、シナゴーグと美しい銀行がこの町の代表的アールヌーヴォー建築であることは、とりもなおさずユダヤ人が活躍した町だと断定できそうだ。

農民銀行　1900　Trg Maršala Tita 6

農民銀行　1900　Trg Maršala Tita 6

バウムガルテン・シャーンドル
ヘルチェフ・ジーグモンド
パップ・ジュラ
ザボルクシュ・フェレンツ

Baumgarten Sándor（1864~1928）
Herczegh Zsigmond（1849~1914）
Pap Gyula（1857~？）
Szabolcs Ferenc（1874~？）

やや裏街的なところを歩いていると公園があり、教会と学校がある。煉瓦で縁どりした学校はハンガリー全土で300校も学校を造ったバウムガルテン・シャーンドルの設計したものだった。

学校の前の教会は、必ずしもアールヌーヴォーとはいえないが、2人の建築家は共にアールヌーヴォーの建築家だ。

ルーテル教会　Ul. M Gorkog
パップ・ジュラ＆ザボルクシュ・フェレンツ

商業学校　1910　バウムガルテン・シャーンドル＆ヘルチェフ・ジーグモンド

その他の建築

Jugoslavenska narodna armija 通りから Bojboae 通りと名前が変わった大通りには、多分違う色に塗り替えられたと思われる黄色の集合住宅と、手の込んだ造りの茶色の集合住宅があった。

さらに裏通り、BPTИh 通りに、それはそれは可愛い建物があった。資料にはないが、現地で見つかる美しいアールヌーヴォーの建物は例外なく平屋だ。

Bojboae大通りの集合住宅(I)

Bojboae大通りの集合住宅(II)

BPTИh 6P.7通りの家　用途不明

リエージュ（ベルギー） Lièget

リエージュは人口20万人。ベルギー第5の都市。重工業中心の都市で、街に鉄道駅が5つもあってなんとなく取っつきにくいが、旧市街に入ると整然とした街並みで、人々の生活感がありホッと一息つく。

専門書によると、リエージュとナミュールのアールヌーヴォー建築は独自の発達を遂げたとある。歩いてみて「独自」の印象は、まず5階建てくらいの集合住宅で、石造かレンガ造の構造が表に出ている。あまり暴れたデザインはなく、全体にしっとりと落ち着いている。戦災を受けたのか、他のヨーロッパの町のようにバロックやルネッサンスの建物はごく少なく、アールヌーヴォー的でおとなしい建物が多い。

オペラ座から南の方に行くとどの通りにもアールヌーヴォー建築がある。

NEUVICE通りの角に緑色の良い感じのカフェがあり、その隣に上部は鳩に太陽、下の方にインド人と花をあしらったレリーフがあり、良い感じなのだが、1693年とあって、いくら何でも早すぎる。それにしても200年も早くアールヌーヴォーの匂いのする建築がリエージュにあるのは凄いことだ。

NEUVICE通りのカフェ

1693年の家

1693年の家

劇場

ナミュール（ベルギー） Namur

ブリュッセルからリエージュに向かう途中、真ん中くらいに位置するナミュール州の州都ナミュール。人口11万人、渓谷の美しい町だ。

市街は駅に隣接していて目の前にある。そこにナミュール独特のアールヌーヴォー建築がある。

出窓がデザインの中心で壁に独特の細かいレリーフがある。レンガでデザインされた外観、曲線は少なく、アールデコ移行期のようにも見える。街は小さくまとまっていて、住みやすそうな街だ。

ナミュールの街並

ナミュール独特のやや抽象的な装飾

集合住宅

集合住宅

集合住宅

7

スロベニア

Slovenija

(Slovenia)

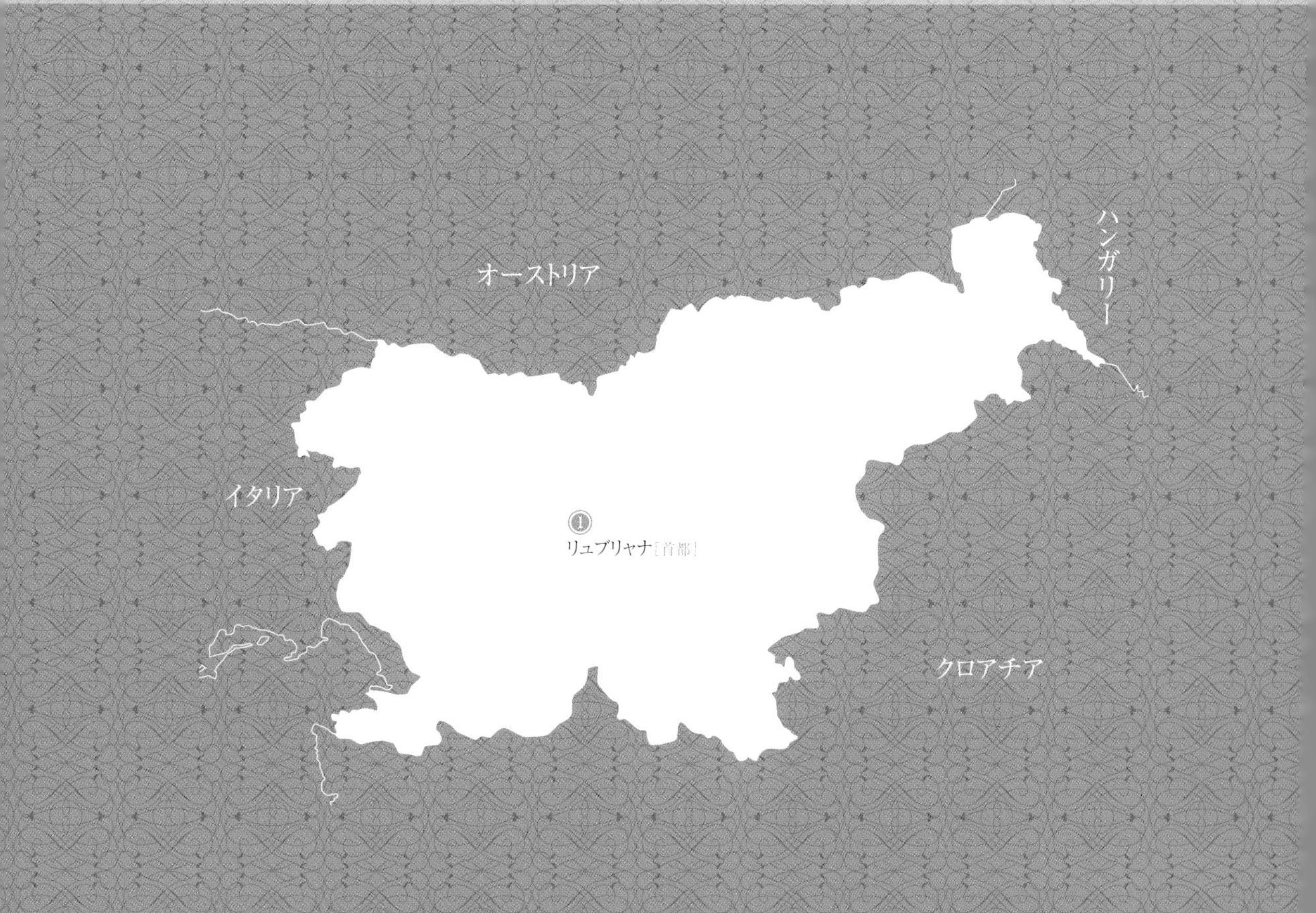

1 リュブリャナ Ljubljana

1991年6月25日、史上初めて、スロベニアという国が成立した。スロベニアの歴史は古いのだが、常に圧制者の支配を受け続けてきた。15世紀からはハプスブルク家の支配を受け、1918年、第1次世界大戦終結後、12月1日に「セルビア人、クロアチア人、スロベニア人の王国」が誕生したが、国王はセルビア人だった。第2次世界大戦が近づく1941年にはナチス・ドイツに占領される。1945年にチトー大統領が誕生するが、それはユーゴスラビア連邦だった。1991年、東欧の民主化の気運が高まり、旧ソ連の多くの国が独立するが、時を同じくして、スロベニア共和国が誕生、リュブリャナがその首都となった。

そのリュブリャナだが、話は1895年の大地震から始まる。この年、リュブリャナは未曽有の大地震に襲われ、市内の多くの建物が損壊した。

マックス・ファビアーニ Max Fabiani（1865～1962）

この時、マックス・ファビアーニは、ウィーン工科大学を卒業し、オットー・ワーグナーの建築事務所に勤めていた。

このファビアーニにリュブリャナの再建計画が託された。彼は故郷に帰り、復興のための再建計画を作る。それは道路を引き直すことから始めた本格的な都市計画であった。ファビアーニはそのまま現地にとどまり、数多くの建物の設計にあたる。ファビアーニの作風は、時に華やかなウィーンゼツェッションだが、若い頃旅行したローマの建築が忘れられず、イタリアのヴィラ的な建物も多い。

ファビアーニは97歳まで生きのびて、リュブリャナの重鎮となって長く活躍する。ここでは通称「メロディ・ハウス」と呼ばれる集合住宅を載せた。

壊滅状態のリュブリャナ市

集合住宅

メロディ・ハウス(La casa Krisper)　1901

メロディ・ハウス　詳細　1901

シリル・メトッド・コック

Ciril Metod Koch（1867～1925）

マックス・ファビアーニの2歳年下のシリル・メトッド・コックもウィーンの建築事務所にいた。故郷の大地震を知り、ファビアーニと相前後して故郷に帰る。コックは主として民間の設計に当たり、ファビアーニと2人で、リュブリャナにウィーン・ゼツェッションスタイルを持ち込んだ。このため、復興のための主として集合住宅がアールヌーヴォーで建てられた。三本橋の近くのハウプトマン・ハウスは改装だが、見事な出来栄えで、初めて見た時は若い頃の吉永小百合に出会ったような気がしたものだ。また、クーデン・ビルはコーナーの円筒の上に地球らしきものが載った一風変わった集合住宅だ。

ハウプトマン・ハウス　1904

クーデン・ビル　塔詳細

クーデン・ビル

ヨージェ・プレチニック Jože Plečnik（1872～1957）

さらにコックより5年遅れて生まれたヨージェ・プレチニックは、ウィーンに出て、オットー・ワーグナーのワーグナー・シューレで学ぶ。装飾の才能に秀でたプレチニックは、ワーグナーの秘蔵っ子として、ワーグナーの事務所で働く。

独立したプレチニックには、多くの仕事が舞い込むが、プレチニックはほとんど報酬を受けとらない。見かねたツァッヒェルハウスのオーナーが多額の援助をしたが、それも数年間で終わってしまう。質素で禁欲的な生活を送っていたプレチニックだが、やがて生活が行き詰まってしまう。友人の推薦でプレチニックはプラハに向かい、1911年からプラハ装飾芸術学校で教鞭をとる。第1次世界大戦の終わった1918年には、故郷のリュブリャナに戻り、リュブリャナ大学の建築学科で死ぬまで教壇に立ち、かたわらでは相変わらず無償で設計活動にもいそしんだ。

国立大学図書館　1941

保険会社ビル　1930　リュブリャナ駅の前

詩人グレゴチッチの記念碑　1937
国立大学図書館の隣

市場ホール前の花屋
こういう古典的モチーフの作品もプレチニックのもう一つの顔だ

集合住宅

その他のアールヌーヴォー建築

マックス・ファビアーニ、シリル・メトッド・コック、ヨージェ・プレチニックと3人の秀れた建築家がウィーン・ゼツェッションをリュブリャナに持ち込んだ訳で、必然的にリュブリャナにはゼツェッション（アールヌーヴォー）建築が多く建てられた。西ヨーロッパでは第1次世界大戦の始まりと同時に息絶えたアールヌーヴォー建築だが、ここリュブリャナでは、プレチニックの薫陶を受けた建築家が育ち、今でもこの町には多数の、しかも質の高いアールヌーヴォー建築が多く見受けられる。

私がこの町を訪れたのは1988年6月ただ1回で、当時はまだアールヌーヴォーに対する知識も乏しく、しかも1泊しただけで、プレチニックの情報だけを頼りに、ただただ町を歩き回って写真を撮りまくっただけだった。30年たった今は、相当状況が変わっているかもしれない。じっくりともう1回訪れてみたいものだ。

集合住宅

集合住宅

集合住宅　軒詳細

集合住宅　頂部詳細　1903

集合住宅　頂部詳細

キュビズム風　集合住宅

集合住宅

8

クロアチア

Hrvatska

(Croatia)

1 ザグレブ Zagreb

クロアチアは旧ユーゴスラビアから1992年に独立した。アドリア海に長い海岸線を持ち、ドゥブロブニクやスプリトなど有名観光地を持つ一方、プリトヴィツェ湖群国立公園に代表される山岳地帯もあるL型に広がった特異な国土を持つ。

人口約420万人。南スラブ系の人種で、体格が良く、バスケットやサッカーなどスポーツは世界一流の国。

首都ザグレブは、その北の端の山岳地帯にある。人口80万人。13世紀頃から発達し、市内の建物はバロック様式が多い。

その中で旧マジャール銀行は正統派のアールヌーヴォー建築だ。最上階の両端に豹のような動物が大口を開けて咆哮しているのが面白い。

左側の建物は今は失われているが、なかなかのものに見える。失われた郵便局の共同設計者のシャーンディ・ジュラはブラチスラヴァの郵便局も設計している。（現存せず）

郵便局（現存せず） 1834 Foerk Ernő & Sándy Gyula

パートナーバンク　獅子の咆哮

マジャール銀行(当時の写真)
真ん中の建物、左側の建物もなかなかのもの

マジャール銀行　現・パートナー銀行　イリツァ通り　1908

集合住宅

集合住宅

2 スプリト Split ／ 3 オパティヤ Opatija

スプリト

スプリトはアドリア海沿岸最大の港町。紀元前のローマ帝国ディオクレティアヌスの宮殿がそのまま町になった珍しい町。古代から中世にいたる街並がそのまま残っている美しい町だ。

中世の町を歩く気分で港を歩いていて、通りの角をふっと曲がると魚市場があった。どんな魚がいるのかと見物しながら、振り返ってみると何やら怪しい建物がある。髪の長い裸の女性と怖いオジさんが大きな口を開けて叫んでいる。それは明らかにアールヌーヴォーの建物だった。

中に入るとロビーに当時の写真と説明があり、硫黄温泉で、カミロ・トンチッチの設計とある。まさかアールヌーヴォーの建物があると思ってなかったので、思いがけない出会いに嬉しいことこの上なかった。

硫黄温泉　1903　カミロ・トンチッチ

硫黄温泉
レリーフ詳細

硫黄温泉
（魚市場の前）
Kamilo Tončić
1903

ローマ時代の宮殿が
そのまま町になった
港町

オパティヤ

オパティヤは同じ港町でもイタリアとの国境に近い。イタリアのトリエステとも近い。

ハプスブルク帝国がオーストリア・ハンガリー二重帝国になった時代に、ウィーンからグラーツを経て南下し、海に向かうとトリエステかオパティヤに行くことになる。当時トリエステもハプスブルク領だった。

つまり、オパティヤはオーストリア・ハンガリー帝国の時代から王侯貴族たちのリゾート地であった。

現在もホテルが林立し、南のドウブロブニクと並んで人気が高い。

このオパティヤに少しだがちゃんとしたアールヌーヴォー建築があった。ホテルブリストルだ。全景で見るとアールヌーヴォーの形式を見事に踏んでいる。面白いのは、2階に佇む女性像と3階の男性像だ。男性はヤギ頭にも見えたが、白菜人間にも見える。女性像は頭の上に白菜をのせているようだ。いまひとつ意味不明の表現もアールヌーヴォーの楽しみの一つだ。

もう1つヴィラ・ダニエルと書いてある建物があった。海辺のアパートメントか。こちらの女性は白菜でなくアカンサスの葉の王冠をかぶっているように見える。

ホテルブリストルの男性(？)像　果たしてヤギ頭か白菜か

ホテルブリストルのレリーフ　頭の上は白菜か

ホテルブリストル

ヴィラ・ダニエル

シャルトル（フランス）　Chartres

ロワール渓谷やモンサンミッシェルを見るツアーに参加して立ち寄ったのが、シャルトル。

もちろんシャルトル大聖堂を見るためだ。聖堂に向かうバスが停車した広場から何やら怪しいものが見える。少しの自由時間をもらって、見つけたのが図書館。コーナーに大きな塔を立て、軒には三角破風が連続するなかなかの建物。

1階が開いていて、係員に聞いてみると市の図書館だという。銘板があって、1920年とある。建物についても書いてあったが元は政府の建物だという以外何もわからなかった。

それにしても第2次世界大戦が終わってすぐにこういう建物ができたことがわかり収穫。何やらフランスルネッサンスの匂いのする建物だった。

バスが停まる広場の周りに、外壁がカラーレンガでそれが窓廻りなどに化粧積みしたのがあって、しばらく見惚れたことだった。窓のまぐさの部分に白、黒、こげ茶、緑のレンガを見事に美しく貼ってあった。

カラーレンガの素敵な例
シャルトル大聖堂の近くのPLACE CHÂTELET

図書館の銘板　政府の建物と書いてある

市立図書館　Boulevard Maurice Viollette　フランスルネッサンス風の建築、柱のトップに顔がたくさんある

9

ボスニア・ヘルツェゴビナ

Bosna i Hercegovina
(Bosnia Herzegovina)

1 サラエボ Sarajevo

1914年6月28日、首都サラエボにおいて、オーストリアのフランツ・フェルディナント大公が暗殺された。犯人はガブリロ・プリンツィプというセルビア人で、18歳であった。

大公は帝位後継者だった。

この事件がきっかけとなって1カ月後に第1次世界大戦が勃発する。

この戦争はまる4年続いた。

初めは優勢だったドイツ、オーストリア、トルコ、ブリガリアなどの同盟軍は、次第に劣勢となり、ついに敗戦。ハプスブルク帝国領はチェコスロヴァキア、クロアチア、オーストリア、ハンガリーと順次独立し、1920年のトリアノン条約により、完全に消滅。その650年の歴史を閉じた（ちなみに、第2次世界大戦はフランス、英国、アメリカなどの連合軍とドイツ、イタリア、日本などの枢軸国が戦った戦争であるが、ハンガリー、ルーマニア、ブリガリア、フィンランドが枢軸国に参加し、同盟国として連合軍と戦ったことはあまり知られていない）。

第1次世界大戦により、ヨーロッパの産業は停滞し、新規の建築の注文は途絶え、19世紀末から20世紀初めまで、時代を席巻した西ヨーロッパのアールヌーヴォー建築は完全に消滅した。時代の花形だった建築家のあるものは職業を変え、あるものは失意のうちに亡くなった。

ただ東ヨーロッパのハンガリーなどでは、ナショナルロマンティシズムを中心に1930年頃まで、アールヌーヴォーの運動は止まることはなかった。

サラエボの市内大通りを走ると、無名の建築家の造ったアールヌーヴォー建築が散見される。

暗殺の瞬間を伝える写真と犯人像
（サラエボの暗殺現場に設置されている）

控えめなアールヌーヴォーの集合住宅

集合住宅

バロック調だがなかなか激しい造形

集合住宅

集合住宅

集合住宅

パリ（フランス） Paris

令和元年12月5日にパリに行った。着いたその日から交通ストが始まった。メトロ、郊外電車、国鉄（SNCF）すべてが動かない。おかげで交通渋滞が激しく、ホテルからルーブル美術館まで9㎞に2時間かかった。帰国して50日たってもまだやっている。

シャンゼリゼ通りで2時間程自由時間があり歩いた。パリにはもう何度も来ているのにシャンゼリゼは久しぶり。じっくり見るとなかなか良い建物がある。

3軒並んでアールヌーヴォー建築もあり、良い時間を過ごせた。3軒の真ん中が元はルイヴィトンだったマリオットホテル。移動中、ポンピドーセンターの前にも1軒アールヌーヴォー建築があった。ギマールやラヴィロットばかり見ていたが、こういう名もない人？の設計も良いものだ。

ポンピドーセンター前のアールヌーヴォー建築

シャンゼリゼ通り　右端の3軒

左端の建物

マリオットホテル

右端の建物

10

ポーランド

Polska
(Poland)

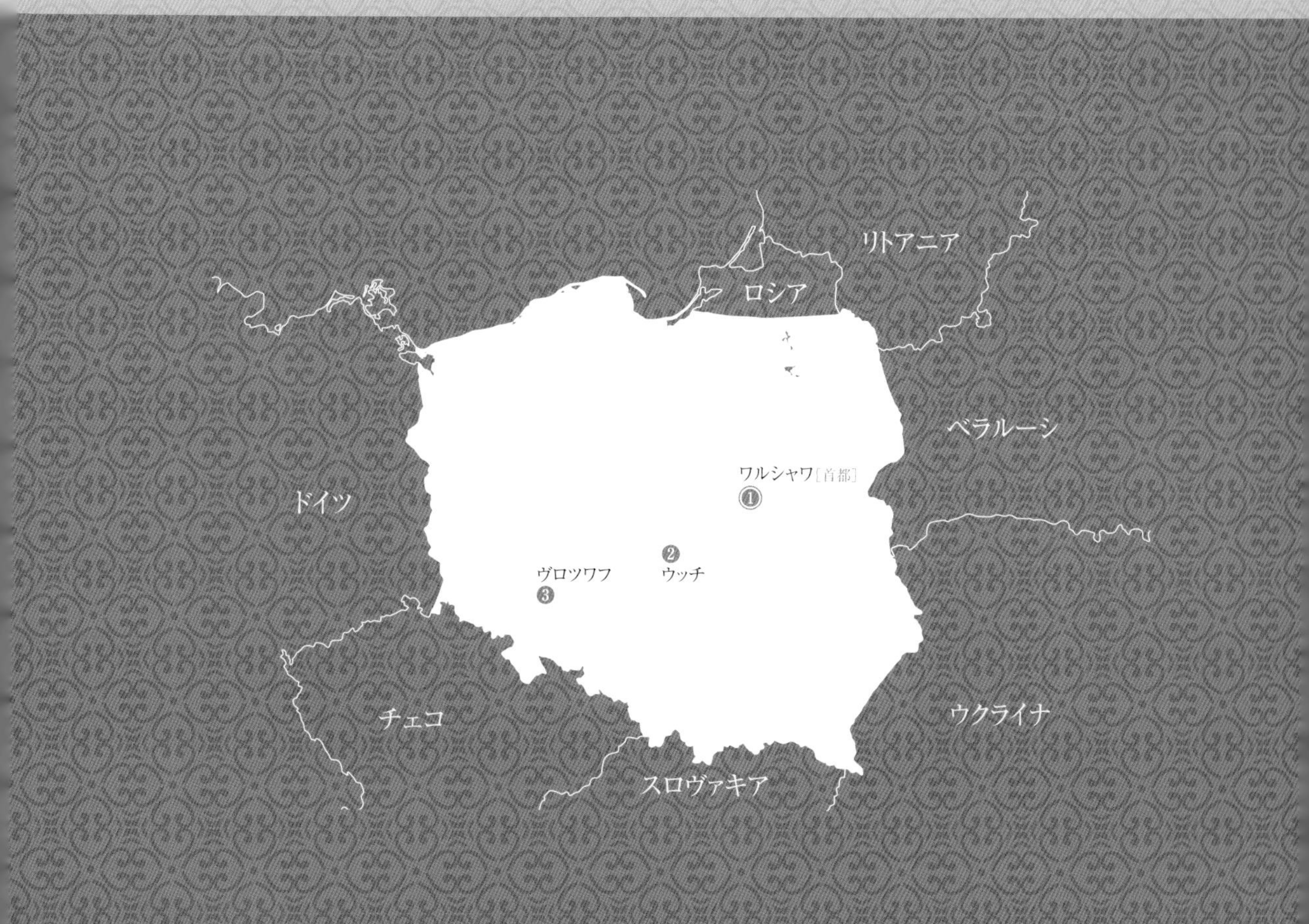

1 ワルシャワ Warszawa

ワルシャワの街に来たのは2度目。中央駅前のホテルに泊まり、周囲を歩いて、思いがけずアールヌーヴォーの建築群を発見した。いずれも大きな集合住宅だ。

ワルシャワの街は第2次世界大戦で大きな被害を被り、旧市街のほとんどは再建されたものという。駅前のこの一角、ポズナンスカ通り36、37、38、40、49、51はひょっとしたら戦災を受けなかったかもしれない。

最も大きくて、アールヌーヴォーらしいのは駅前の大通りイエロゾリムスキェ通り47の集合住宅だ。全体にレリーフが散りばめられていて、舌長爺と女神、花がモチーフだ。

隣のポロニアパレスホテルにヤギ頭のレリーフがあってなかなかユニークだ。

通りの奥の方にはアールデコの電話局もあった。

旧市街の近くにポーランド・ユダヤ人歴史博物館が２０１３年にオープンした。

イエロゾリムスキェ通り47の集合住宅

イエロゾリムスキェ通り47の集合住宅・レリーフ

レリーフ

ポズナンスカ通り51の集合住宅

ポロニアパレスホテルのヤギ頭のレリーフ

ポズナンスカ通り37の集合住宅

窓上のレリーフ

2 ウッチ
Łódź

ウッチはワルシャワの南西１００kmにあり、人口71万人。ポーランド第3の都市。

19世紀に繊維産業で栄えた。映画大学があり、ロマン・ポランスキーの出身校。

街の見所は市内を南北に貫くピオトルコフスカ通りで、取り上げた建築もほとんどこの通りにある。

通りの北詰に織物工場の跡地30へクタールを再開発したマヌファクトゥーラがあり、工場を再生した高級ホテル・アンデルスがある。

近くのキリスト教墓地にはアールヌーヴォー様式の墓があり、彫刻の施された美しい墓も多い。また郊外には大きなユダヤ人墓地があり、魅力的な教会とモニュメントがある。

Piotrkowska 86の集合住宅
レリーフ詳細

Casa "under gutenberg"　1896　Ul. Piotrkowska 86

店舗付集合住宅　Ul. Piotrkowska

集合住宅　頂部詳細

店舗付集合住宅　Ul. Piotrkowska 143

集合住宅　Ul. Piotrkowska 107

集合住宅　モルタルによる浮き彫り　Ul. Piotrkowska 107

竜の浮彫

事務所ビル　1892　Ul. Piotrkowska 41

レオン・ラパポート邸　1905　Ul. Rewolucji 44

繊維工場を活用した４つ星ホテル
アンデルスホテルウッチ

アールヌーヴォー様式の
墓の既製品
キリスト教墓地の前

アールヌーヴォー様式の墓

様々なタイプの墓がある　キリスト教墓地

アールヌーヴォー様式の墓　キリスト教墓地

3 ヴロツワフ Wrocław

ヴロツワフは人口63万人。ポーランドのワルシャワとチェコのプラハを結ぶ線上にあり、交通の要衝。神聖ローマ帝国領のあと、1945年までドイツの一部だった。オドラ川に接して町があり、水運も盛ん。郊外にはユダヤ人墓地がある。

15世紀に完成した市庁舎のある旧市場広場が市の中心で、その前を通るシフィドニッカ通りに見所のある建物が集中している。

市庁舎の前にあるバラシュブラザーズデパートは1ブロック全てを占める大きな建物で1904年の完成。石とガラスの組み合わせの軽快な外観で構造は鉄骨造と思われる。

市庁舎を囲む通りにアールヌーヴォー建築が多く、カジノも2軒並んでいる。

少し離れたところにある市場のホールは1906年にできた巨大な施設でナショナルロマンティシズム。

商業ビル　Ul. Świdnicka

商業ビル　頂部

バラシュブラザーズデパート　1904　G.Schneider　市庁舎前

バラシュブラザーズデパート　1904

REUSSEN HOF　1097　Ul. Ruska 11/12

銀行ビル　1907　旧市街地広場

店舗付住宅　旧市街地広場

店舗付住宅　1903　旧市街地広場

クリスタルカジノ　Ul. Ruska 6/7

市場のホール　1906　Piaskowa通り

商業ビル　1897　Ul. Świdnicka 37

ゴールデンカジノ　Ul. Świdnicka 19

グダニスク（ポーランド）

Gdańsk

チェコからポーランドに入り、ヴロツワフ、ウッチと行き、海辺の街グダニスクに着いた。

14世紀にハンザ同盟の都市として繁栄し、1980年にはワレサ委員長が連帯を結成し、自由を求めて立ち上がった所。

旧市街は市庁舎を中心にルネッサンス風の街並みがしっかり残っていて賑やかだった。アールヌーヴォーは皆無に等しかったが楽しい街歩きだった。

まずくっついて建っている2棟の建物の樋が2軒で1本に集められている。そのたて樋が1階まで降りてきて、そこから横に引かれ、吹き出し口が魚や怪獣になっていて楽しい。

赤い傘をさした乞食のお婆さんがCDを鳴らして客寄せしている。

海辺には昔、荷物を上げ下げした巨大なクレーンの家がある。それを見ながら2晩とも白ワインを飲み、ムール貝を食べた。大きな貝だった。

夕方6時頃になって街を歩くと、昼前にみた乞食のお婆さんがまだ立っていた。勤勉な方だと感心した。

CDを鳴らす乞食の老婆

木造クレーンの家

呼び樋

呼び樋

両端が樋の吹き出し口

樋の吹き出し口

横引きの樋

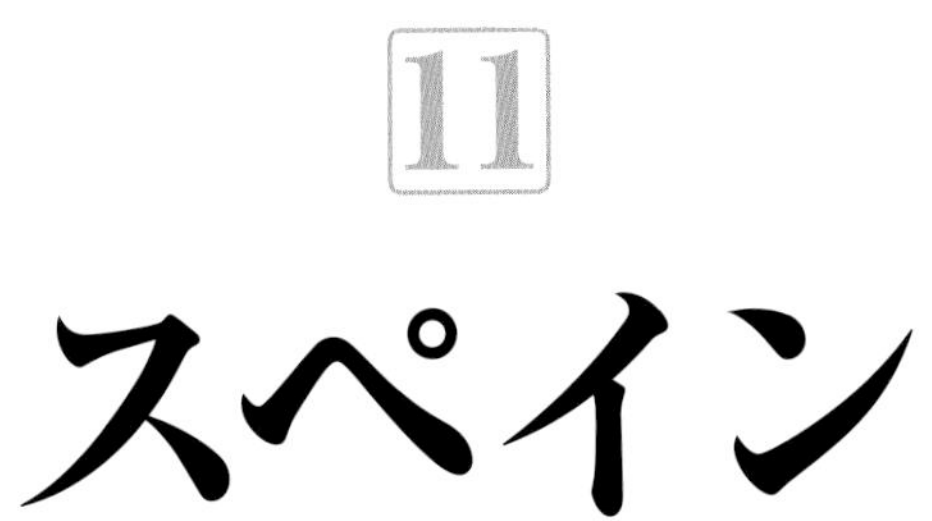

Reino de España
(Spain)

1 オビエド Oviedo

２０１８年2月、ポルトガルのアヴェイロ、ポルトで素敵なアールヌーヴォー建築を見て、スペインに向かった。サンチャゴ・デ・コンポステーラで1泊して、翌日バスでオビエドに到着。明日は次の目的地コミーリャスでガウディ設計のエル・カプリチョを見るという訳で、ただ単に泊まるだけのつもりだった。

日のあるうちに着いたので、バスターミナルの隣のホテルにチェックインし、そのまま街を見物した。この街のメイン通りであるウリア通りを歩き始めると、いきなり大きな建物が目に入った。それはまるで列柱とガラスでできたような建物で、柱頭はデフォルメされたコリント様式、近代的な窓の庇はバロックの持送りと女性像。この建物はバロックかアールヌーヴォーかと聞かれたら、私は躊躇なくアールヌーヴォーと答える。

いきなりガツンと頭を殴られた感じ。

さらに歩を進めると、次々と美しくリフォームされた（?-）街並が現れてきた。

スペインでもバルセロナとは全く違う、ポルトガル的端正さを持ったアールヌーヴォー建築で街が埋めつくされている。

ポルトガル的アールヌーヴォーとは写真を見ればわかると思うが、厳格に左右対称を守り、ガラス窓のボウウインドウ、ガラス窓の連続性、少し控え目の装飾や女性像だ。良い建築が3軒並ぶ美しい街路が続く。旧大学（アンチグアユニバシダード）の横には特に美しい3軒が並ぶ。

カテドラルに続く道やウリア通りの裏通りにも見逃せない建物が次々と現れた。

首都マドリードから遠く離れた、大西洋を望むこの町になぜこれほどの立派な街並があるのだろう。不思議に思って調べてみてびっくり。オビエドは元、首都だった。

キリスト教国スペインがほぼ全土をイスラムに占領された8世紀、キリスト教徒は北部に追いやられ、そこでアストゥリアス王国という国を建設し、オビエドがその首都となったのだった。

レコンキスタ（キリスト教国としての領土回復活動）は、8世紀から15世紀まで続き、１４９２年、ついにイスラムを追い出して、イベリア半島のほとんどが、キリスト教国スペインに戻った。オビエドはレコンキスタ発祥の地とされている。

１９３４年の鉱山労働者の蜂起、１９３７年のフランコ

ウリア通りの集合住宅

ウリア通りの集合住宅

ウリア通りの集合住宅

軍との戦いによって町の多くが破壊されたというので、今の街並はそれ以後の建物が多いかもしれない。

もしそうならば、この町がアールデコでもなく、モダニズムでもない、ネオ・アールヌーヴォーによって再建された、世界でも珍しい町ということになる。

ガウディに会いに来て良い町と出会った。

1932年の表示のある建物　様式はアールデコ

ウリア通りの集合住宅（3軒並び）

集合住宅

集合住宅

Fray Ceferino通りの集合住宅

ウリア通りの集合住宅

旧大学横の集合住宅（3軒並び）

旧大学横の集合住宅　3軒並びの真ん中

旧大学横の集合住宅　3軒並びの左側

旧大学横の集合住宅　３軒並びの左側　窓飾詳細

アールデコの塔　アールデコも数棟ある

旧大学横の集合住宅　３軒並びの右側

2 コミーリャス Comillas

2018年2月にコミーリャスを目指したのは、ガウディの初期の建築、エル・カプリチョ（奇想館）を見るためだった。というのも、この建物の完成は1885年で、アールヌーヴォー建築第1号といわれているベルギーのオルタによるタッセル邸の1895年より10年も早い建築で、「世界初のアールヌーヴォー建築は何か」という問いに、合格可能な年の建築なのだった。

朝9時にオビエドを出て、トーレラ・ベガで乗り換えて午後2時にコミーリャスに着いた。コミーリャスはカンタブリア州にあり、大西洋の一部であるビスケー湾に面する避暑地である。まず宿を探すが、今は真冬なので、どこもクローズ。しかも折悪しく雨が降ってきた。タクシーをやっとつかまえて、エル・カプリチョへ行く。幸い雨はやんだが、曇り空で折角のガウディの傑作を彩るマヨルカ焼のタイルの写真がうまく撮れなかった。

ガウディの作品はバルセロナでしか見たことがなかったので、辺地のコミーリャスまでわざわざ来て、満足だった。バルセロナからは、はるかに遠いこの地の建築に際して、ガウディは自分で模型をつくり、マヨルカ焼の色まで細かく指定して、学校時代の友人、クリストバル・カスカンテに施工監理を依頼したのだった。30歳を少し過ぎた頃、設計したこの建物の装飾度は、その後の建物に比べて、ひけをとらない出来栄えである。ある意味ガウディにとって記念碑的建物といえよう。

この建物の施主はキューバで財をなしたマクシモ・ディアス・デ・キハーノ。

ガウディのパトロン、エウセビ・グエルが紹介したが、バルセロナから500㎞も離れた遠隔地のため、ガウディは施主に一度も会うことがなくこの建物を完成させた。

エル・カプリチョ　側面　1885

エル・カプリチョ　1885　アントニ・ガウディ

エル・カプリチョ　玄関　1885　アントニ・ガウディ

この町の丘の上には、ガウディの先達ともいえるマントレイの設計によるポンティフィシア大学があり、ムデハル様式の建物だが、モデルニスモ（アールヌーヴォー）の装飾があり、これはガウディのライバル、ドメネク・イ・モンタネルの設計だ。

エル・カプリチョ　マヨルカ焼タイルの壁面

ポンティフィシア大学　マントレイ設計　1889

12

ポルトガル

Portuguesa
(Portugal)

1 アヴェイロ Aveiro

2017年11月に30年かかって、やっと発刊したアールヌーヴォー建築を集めた本を出版して2カ月、達成感もあり、ホッとして、ボーッとしながら、何げなく、スマホでアールヌーヴォー建築を見ていたら、突然見たこともない建築が現れた。それはポルトガルのアヴェイロという街の建築で、しかもアールヌーヴォー美術館。最初に見たのは建物の裏面で、ブルーが目にしみる美しさだった。続いて表も出てきた。こちらは白で、なかなか凝った造りだった。「アールヌーヴォー美術館というからには、ほかにももっと建物があるはずだ」と旅行案内書をあさってみると、何とアールヌーヴォーの街と書いてある。

しまった。出版した本は47カ国のアールヌーヴォー建築を取り上げて、ポルトガルもリスボンの建物は載せてあった。ロシアなどの行きにくい地方都市は諦めても、ほぼ世界のアールヌーヴォー都市は取り上げたつもりだった。ちょうどその頃、世界初のアールヌーヴォー建築の再検証をしていて、ガウディのエル・カプリチョの完成が1885年で、その取材はまだやってなかった。その建物は多分、世界で2番目のアールヌーヴォーで、1位のルイス・ドメネクのモンタネ・イ・シモン出版社が1880年説と1886年説があり、どうしてもエル・カプリチョを見たかった。それは、スペイン北部の海辺の町にあって、わざわざ行くには遠すぎる。しかし、地図で見るとアヴェイロからかなり近い。という訳で、2月1日には成田発ロンドン経由、リスボン行の飛行機に乗っていた。

リスボンには夜中に到着。1泊して、朝一番の列車でアヴェイロに向かう。2時間半でアヴェイロに着く。

アヴェイロ駅に降りてみると、駅そのものがアズレージョ（ポルトガルのコバルト釉薬で焼かれた磁器タイル）が貼られて、アールヌーヴォー風だ。駅前の白い建物もアールヌーヴォー風。大いなる期待を胸に歩き出す。ホテルに荷物を置くと真直にアールヌーヴォー美術館に向かう。駅前の大通りを運河まで歩けばよいのだが、なかなかアールヌーヴォー建築が現れない。代わりにアールデコの建物が多い。

少し諦めかけた頃、運河に到着。と、その前に3軒セット

アヴェイロ駅　青いタイル（アズレージョ）が貼られている

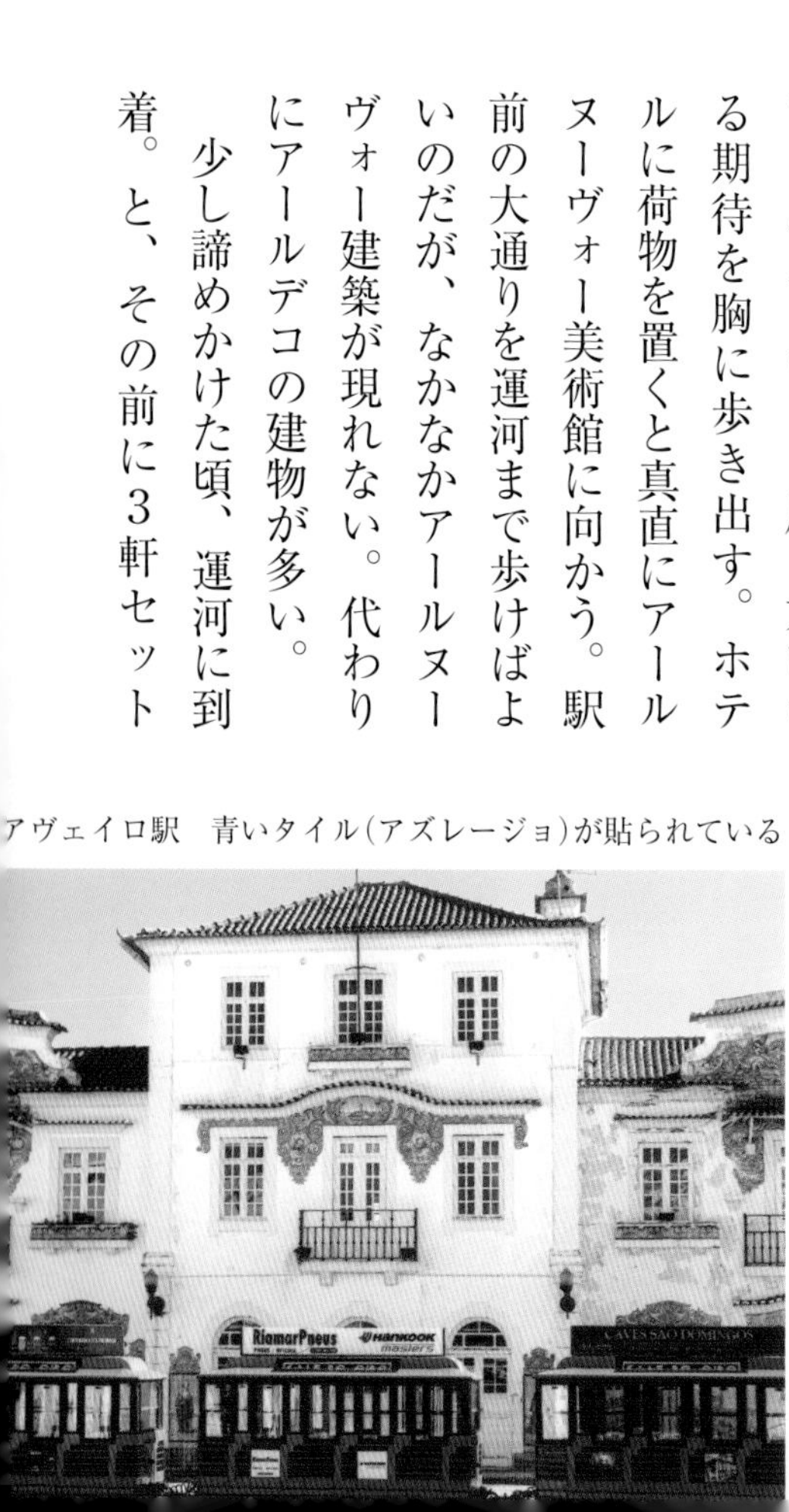

中央運河に面して建つ２つのアールヌーヴォー建築(真ん中を入れたら３つ)

で「ワッ」といわせる建物が出現。３軒のうち、両側はとても良いアールヌーヴォー。真ん中のもひいき目に見たらアールヌーヴォーといえなくもない。で、その前を通って、近くのアールヌーヴォー美術館へ。これはもう、パリのラヴィロット顔負けの本格的アールヌーヴォー。受付があっ

農業協同組合　1913

農業協同組合　詳細

て、そこに古ぼけた1冊の本があり、『アールヌーヴォー・ディクショナリオ』と書いてあったので購入。小さな本なのだが、アヴェイロにある28件のアールヌーヴォー建築が地図入り、写真入り、番号付で示してある。そればかりか、リスボンの知らないアールヌーヴォー建築から、ウィーン、パリ、ダルムシュタットなどの建築まで、写真は小さいがいっぱい載っている。あまりにも貴重な本なので、「もう1冊下さい」というと、「これだけしかありません」ときた。これはラッキーだった。私はこの本を片手に2日間、歩き回って、28の全ての建物をカメラに収めた。

そして2階に上ると、ビデオで世界のアールヌーヴォー建築が流れている。こちらは知っている建物ばかりだが、それぞれに出合ったシーンを思い出して感慨深かった。

写真を見ていただければわかると思うが、アヴェイロの建物は美しい、可愛い。大きな建物は無いけれど、建物がヒューマンサイズで、好ましい。

ビデオを最後まで見ていると、何とキューバのハバナのとても可愛らしい建物が出てきた。あっ、これでまた行く所が増えた。世界のアールヌーヴォー建築には限りがない。

ここでアヴェイロのアールヌーヴォー建築についてテキストの助けを借りて考察する。

運河に面した3軒続きの建物のうち、向かって右側は農業協同組合の建物だった。規則正しく3等分された窓には、正確にカットされた枠があり、枠と枠の間は模様が描かれたタイルが貼られていて、文句なしに美しい。左隣の建物は市立博物館だった。これら3軒の建物とアールヌーヴォー美術館の間にあるピンクの軟い卵の家もパラペットの卵風の窓が特徴的で、運河の反対側から見ると午後の陽光に建物が映えて、得もいわれぬ美しさをかもし出している。アールヌーヴォーの街でもこれだけまとまった形で街並を形成しているのは珍しい。

そして文章をまとめてみて気がついたことは、１９０４年から１９０６年くらいにかけて建てられたものが多い中で、１９１５年、１９１８年、１９２３年に建てられたものがあり、第１次世界大戦で息絶えたという定説をくつが

アールヌーヴォー博物館(表) 1909
Casa mário Pessoa

アールヌーヴォー美術館(裏)

アールヌーヴォー美術館　玄関ホール

えす珍しい例である。

ハンガリーもその傾向があるが、ポルトガルにも存在する貴重な例が見つかった。

夕食は大西洋のタラに皿うどんの麺のようなものを混ぜて卵でとじてあるとてもうまい料理だった。ビール２杯とパンとコーヒーでこの日は控え目にお祝いをした。

このあと、ポルトに行き、なかなかのアールヌーヴォーをいくつか見つけたが、サンチャゴ・デ・コンポステーラは工事中で何も見ず。コミーリャスのエル・カプリチョは雨のなか、苦労してたどりついた。帰りはロンドン経由で、ロイヤル・アルバート美術館に寄って、この前、重す

シティミュージアム　1915

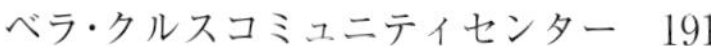

ベラ・クルスコミュニティセンター　1910

Casa dos ovos moles　軟い卵の家　1923

ホテル　アズ・アメリカ（食堂）　1910　元々は富豪の住宅として建てられた

フェローゲストハウス　ペンション錨の家（現レストラン）　1910

ホテル　アズ・アメリカ　食堂詳細

ロシオハウス　1929

フランシスコ　シルバ　ロチャハウス　1904

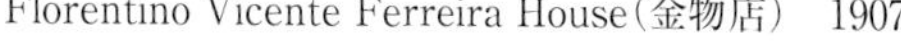

Florentino Vicente Ferreira House（金物店）　1907

Pompeu de Figueiredo House　1910

ぎるので買いそびれた、『インターナショナル・アーツ・アンド・クラフツ』という本を手に入れた。

世界の常識は、イギリスのアーツ・アンド・クラフツがベルギーのオルタに伝わり、フランスのギマールに伝染した。従って世界初のアールヌーヴォー建築は１８９５年のオルタのタッセル邸だ、ということになっているが、どうもこの説は怪しい。この本で見ても、アーツ・アンド・クラフツの影響はなかったとはいわないが、１８８０年ごろからスペインやハンガリーで、その地域独自の文化で発生し、広がっていったと思われる。この件については別の項で詳しく述べることとする。

コートハウス(裁判所)　1918

テスタ ア アマドレス ビルディング　1914

フランシスコ　レベロ・ド・スサントス・レジデンス

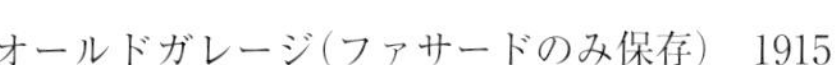

オールドガレージ(ファサードのみ保存)　1915

2 ポルト Porto

ポルトは人口23万人。ポルトガル第2の都市。ドウロ川が深い渓谷をつくり、町が2分されている珍しい地形の町。それほど広くない町に地下鉄が6本もある。

ポルト。それはポートワインの町でもある。ポートワインとは、まだ発酵途中の赤ワインに高いアルコール度のブランデーを加えて、発酵を停止させたワインのこと。そのおかげで保存に強く、10年、20年、50年と長年保存してビンテージものになる。

普通のレストランで簡単に飲めるが、アルコール度が高く、かつ甘い。20年物以上になると急に高価になる。

世界一美しい書店

この町にはもう1つ世界一がある。それは、世界一美しいといわれるレロ・エ・イルマオン書店である。入場料を払って入る世界でも珍しい書店だ。

ゴシック風アールヌーヴォーの外観を楽しみながら入ってゆくと、店の真ん中に印象的な木造階段がある。入場者は本を買うより、ここで記念写真を撮る方が忙しい。写真でわかるように見事な階段である。銘板に１８８１年と書いてあるので、世界で2番目に早いアールヌーヴォー建築かもしれない。1位はバルセロナのルイス・ドメネクによるモンタネ・イ・シモン出版社（１８８０）だ。

私はかつて、アルゼンチンのブエノスアイレスで、世界で2番目に美しいという、劇場を改装した本屋「エル・アテネオ・グランド・スプレンディド」を見たことがあるが、3番目は知らない。もっともカナダのトロントで、世界一広い本屋を見たことがある。

レロ・エ・イルマオン書店（世界一美しい書店） 1881
Rua das Carmelitas 144

レロ・エ・イルマオン書店　木造階段

世界で２番目に美しい書店　エル・アテネオ・グランド・スプレンディド　ブエノスアイレス

本格的アールヌーヴォー建築2件

さて、この本屋のあるカルメチタス通りに直交する２つの通りに、とても良いアールヌーヴォー建築がある。

設計者不明だが、ウィーン・ゼツェッションとも、パリ・アールヌーヴォーともいえる、なかなか見応えのある建物だ。丸窓を囲む装飾には、ただならぬものを感じた。現在は使われていなかったが、修復されそうな気配だった。

もう一つは隣の通りの、カーンディド・ドス・レイス75～79番地の集合住宅である。銘板の説明には元カルメル派の女子修道院と書いてあるが、アヴェイロで手に入れた参考書には「カーサ・デ・ハビタシオ」と書いてあり、ハビタシオは植物の自生地の意味なので「花の家」とでも呼ぶことにするか。赤い花と緑の茎をとてもうまく使ってあって、とても美しく可愛い建物だ。

ガレリア・ド・パリ通りの集合住宅(丸窓)

GALERIA DE PARIS 28の集合住宅(丸窓)　1906

Casa de habitação　窓周り詳細

Casa de habitação

Casa de habitação(植物の自生地)　20世紀初め
Rua Cândido dos Reis 75～79

その他の建築

ほかにもお茶を売る店があって、これまた可愛いデザインだ。1917年なので、これは第1次世界大戦後に完成している。

ペロラ・ド・ボルハオ茶店　1917
Rua Formosa

マジェスティック
カフェ

レイス・フィルフォス洋服店

13

メキシコ

Mexicanos

(Mexico)

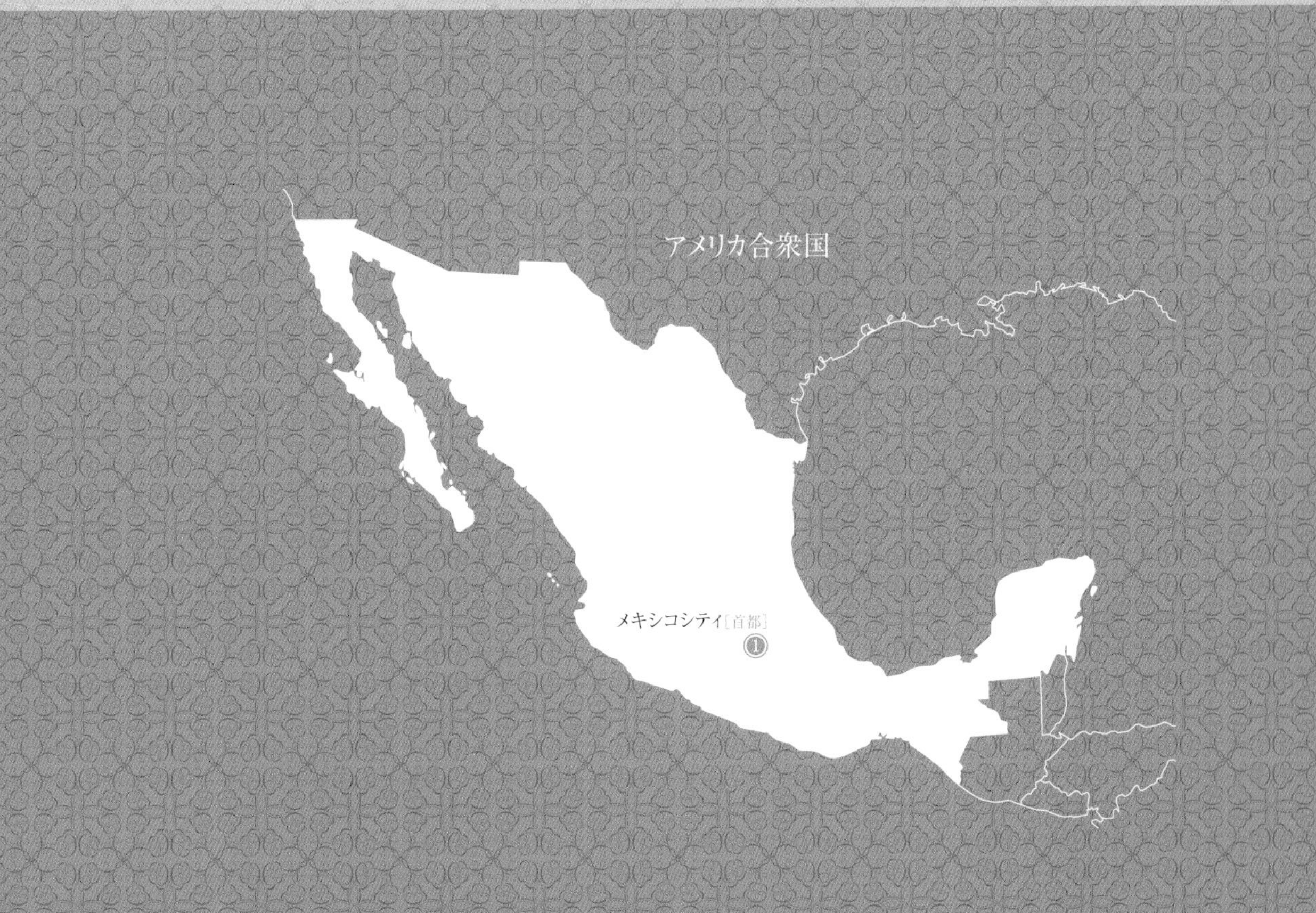

1 メキシコシティ
Ciudad de México

キューバのハバナに向かう途中、メキシコシティで2泊した。ツアーだが、1日だけ自由行動をした。高いツアーでたった2人のツアー参加者のうちの1人だけに、日本からの女性添乗員、現地の日本人ガイド、現地人ガイド、バスの運転手と、1人の客に4人がヘルプする奇妙なツアーのバスを見送った私は、1人でメキシコシティの大通り、パセオ・デ・ラ・レフォルマ通りを歩いた。そして、やがてベジャス・アルテス宮殿にたどりつく。

この宮殿は劇場で、普段は有料だが、今日は日曜で、無料で入れるという。折からカンディンスキーの展覧会をやっていて、ホールではコンサートもあるというので、長い長い行列ができている。

外観の写真を撮り、建物を十分観察し終えた私は、その長い列に並び中に入った。

この建物は妙に怪しい建物で、ガイドブックによると、今はベジャス・アルテス宮殿と呼ばれ、1905年にイタリアの建築家アダモ・ポリエによって着工され、メキシコ革命の勃発で中断後、メキシコ人建築家フェデリコ・マリスカルに引き継がれて、1934年に完成した。内部はアールデコで統一されているという。

しかし、私の持つ資料、『世紀転換期のマジャール建築』によれば、この建物はテアトロ・ナチオナール（現在はバラシオ・デ・ベジャス・アルテス）で、ハンガリー人の建築家、マローチ・ゲーザの設計により、1908年に着工し、1921年に完成したとあり、マローチのインテリアのスケッチもある。

内部の様式はガイドブックの通り、アールデコだった。私は推理してみた。この建物は古典的様式で建てられている。しかし、随所にアールヌーヴォーの特徴を持っている。女神や蛇、虎男、それに人面のパラペット飾りはその証しである。

革命で中断があった。内部はアールデコで仕上げられている。1921年は早すぎる。

私の推理はこうだ。

まず、イタリア人建築家アダモが1905年

セントルイス万博ポスター　1904

マローチ・ゲーザのスケッチ

Teatro Nacional（現ベジャス・アルテス宮殿）

花柄のパラペット飾り

人面のパラペット飾り

女神B

女神A

に古典様式で基本設計を完成した。

１９０４年にアメリカのセントルイスで万国博覧会が開かれ、多くのパビリオンが時の流行様式アールヌーヴォーで建てられた。その証拠に、セントルイス万博のポスターはアールヌーヴォー様式である。

つまり１９００年のパリ万博、１９０５年のベルギーのリエージュ万博、１９０６年のミラノ万博など、この頃は万博の建物といえばアールヌーヴォーだったのだ。そして、マローチ・ゲーザはミラノ万博のマジャール館（ハンガリー館）を設計している。

という訳で、古典的様式にあきたらないメキシコ当局が、当時のアールヌーヴォー建築の本場、ハプスブルク帝国・ハンガリーの建築家に実施設計を依頼したのではないか。３年遅れで着工した劇場は、大筋では基本設計を踏襲した。ただそのままではなく、アールヌーヴォーの手法を取り入れて見所を作った。しかし、工事は１９１０年に起こった革命により中断。内戦は１９１７年まで続いた。

そして、工事が再開されるのだが、民主政府は地元の建築家を起用する。時代はすでにアールデコに移っており、１９２１年に選手交代。フェデリコはアールデコ様式を用い、１９３４年にようやく完成した。

この推理は「当たらずとも遠からず」ではないだろうか。

ホワイエインテリア

ホワイエの柱飾り

この宮殿の近くに建物があり、その屋上から宮殿をにらむ男の像があり、さらに面白かった。

宿泊したホテル、ガレリア・プラザの近くを歩いてみると、ハバナの代わりに出現してくれたような黄色の可愛いアールヌーヴォー建築があった。

蛇足ながら、メキシコは短い間だが、ハプスブルクに支配されたことがある。メキシコ第二帝政といって、1864年から1867年まで、ハプスブルク出身のマクシミリアーノ一世が統治したが、革命によって皇帝は処刑され、約3年のハプスブルク支配は終わりを告げた。

ベジャス・アルテス宮殿を睨む怪しい男

虎男と蛇の要石

ベジャス・アルテス宮殿　コンサートホール（マローチゲーザのスケッチに似ている）

窓詳細

アールヌーヴォーの住宅　Florencia通りの１本東

集合住宅

太陽の家

14

キューバ

Cuba

（Cuba）

1 ハバナ La Habana ／ 2 シエンフエゴス Cienfuegos

ハバナ

カリブ海にある国、プエルト・リコは、今はアメリカの自治領となっている。

この島にアールヌーヴォー建築が数多くあることは知っていた。『プエルト・リコ１９００』というハードカバーの立派な本が出ていて、それはアールヌーヴォーの本だった。

しかし、ここのアールヌーヴォー建築はインテリア中心で、外観はいまひとつで、訪れる気もなかった。しかし、カリブ海の国には「他にもあるのじゃなかろうか」という気がした。

ある時、スマホをいじっていたら、何と可愛らしいアールヌーヴォー建築が出てきた。しかも、それは原色で塗られている。

それは、キューバのハバナにあった。

そして、とうとうハバナを訪れる機会がやってきた。２０１８年11月、メキシコシティ経由でハバナ空港に降りたった。それは、ツアーで２人の客に、日本から添乗員が１人ついてゆく、奇妙なツアーだった。ハバナで３連泊する。

その中の１日を費やして、自由行動でハバナの町を歩く。目的はあの可愛らしい住宅だ。

ハバナ旧市街のメイン通り、オビスポ通りにそれはあるだろうと思っていた。

まず、ホテル・ラケルがすぐに見つかった。それは、やや背の高い３階建てで、バロック風の建物だが、玄関からアールヌーヴォー文字で、私のいうバロックアールヌーヴォー建築だった。内装も折衷式ではあるが、バーの壁にはそれらしい壁画が２連あり、真ん中に鏡。ドアもアールヌーヴォー。喜ばしい造りだった。

大いなる期待がふくらみ、フロントで可愛らしい家の写真を見せると、見たことないという。街中を走っている輪タクの運ちゃんに見せると、即座に「ＯＫ」と言って走り出した。しばらく走って、「ここだ」と車は止まる。その建物は色だけが同じ、全く別物だった。オビスポ通りに戻り、言い値の20ドル払う。そして、オビスポ通りを端から端まで歩く。無い。

次は、脇道に入り歩く。結局一日中歩いて、旧市街のほぼ全ての通りを歩いたが、見つからなかった。足が棒にな

探し物　その2

探し物　その1

探し物　その1～3の写真はネット表示されていたものである

ハバナ旧市街の街並み

探し物　その3

り、日が暮れかけた頃、2対の竜をあしらった赤い建物に会う。とりあえずこれをコレクションに入れた。

夕食のため待ち合わせた、ヘミングウェイの通ったレストラン「ラ・ボデキータ・デル・メディオ」という店に行く6時まで少し時間があり、もうひと頑張りしたら、これは間違いなくアールヌーヴォーという2階建の住宅を見つけ、取材は終了した。

ラ・ボデキータでは「モヒート」という地元の人がみんな飲んでいるラム酒にミントの葉がたっぷり入ったカクテルを4杯も飲んだ。

キューバ人は、もともと原住民がいたが絶滅し、征服したスペイン人とサトウキビを作るために連れてきたアフリカの黒人との混血である。

原色で塗られた街並、1950年代のアメリカ車が今も普通に走る、共産主義でありながらも、リゾート地で、よく酒を飲む、世界のどこにもない面白い国だった。

ホテル・ラケル　塔

ホテル・ラケル　Raquel Calle Tejadillo No.12 esq San Ignacio

ヘミングウェイの通ったレストラン
ラ・ボデキータ・デル・メディオ
壁全面にサインがある

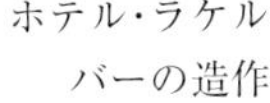

ホテル・ラケル　ロビー

ホテル・ラケル　玄関

ホテル・ラケル
バーの造作

ヘミングウェイの常宿だった
ホテル・アンボス・ムンドス

ガルシア・ロルカ劇場

アールヌーヴォーの家

竜の家

竜のレリーフ

シエンフエゴス

シエンフエゴスはフランス移民によって開かれた街。フェラー宮殿はフランス風コロニアル様式。パラシオ・デ・バジェはムーア様式で元富豪の邸宅。今はレストラン。

パラシオ･デ･バジェ　1913　Alfredo Colli

フェラー宮殿　1918

1950年代のアメリカ車

日本 Japan

世界のアールヌーヴォー建築は第1次世界大戦の始まった1914年に終息したといわれる。実際にはハンガリーやフィンランドなどで1930年頃まで続いていた。日本でも武田吾一や分離派建築会などによって少なくない数のアールヌーヴォー建築が生まれた。そしてモダニズムの時代になり、現代建築が装飾を失っていく中で、脈々とその生命を繋いでいった建築家がいる。

〈アントニン・レーモンド〉

旧帝国ホテルの設計のために来日したフランク・ロイド・ライトに随行した弟子のレーモンドはそのまま日本に残り設計事務所を立ち上げた。彼の多くの作品の中で特に心に残った作品が軽井沢に建つ聖パウロカトリック教会である。木造平屋建ての簡素な建物だが、三角屋根に下屋が付き、後方に塔を配した佇まいが、慎ましくかつ美しい。この建築は日本よりもアメリカで賞賛され、アメリカの建築学会賞を受賞した。

聖パウロカトリック教会　1935　軽井沢

〈今井兼次〉

ガウディの研究家だった今井は1962年、長崎に聖フィリッポ教会を建てた。それには2本の塔が付き「ガウディに捧げる建築」という趣があった。4年後に今度は東京にさらに昇華した建築を設計した、皇居三の丸に建つ桃華楽堂である。香淳皇后の還暦の記念に建てられた音楽堂で、誕生日にちなんで桃の花がモチーフになっている。皇后の人柄そのものといった優しさが伝わってくる建築である。

桃華楽堂　1966　江戸城内

〈梵寿綱〉

今井兼次を師と仰ぐ梵は、ガウディの感性を現在も持ち続ける建築家である。

造った作品は全て手造り感満載で、現代建築におけるコスト感覚とは相容れない。その障壁を乗り越えるためには、建築主、建築家、施工者が一体とならなければ決してこういう建築は生まれない。

梵はドルナッハ（スイス）におけるルドルフ・シュタイナーのごとくゲーテの研究者でもあり、彼のいう「詩と真実」を具現しようとしていた。

この作品は孔雀とニンフの姿を借りて、それを表現しようとしている。

梵の建築家としての人生は、その稀有のデザインの創出と共に、コストとの闘いであったことは論を待たない。

プチ・エタン　1973　池袋3丁目

沈下橋
高知県四万十町大正

主に高知県の四万十川、仁淀川に架けられた沈下橋。「潜り橋」とも呼ばれる。橋は水面近くにあり、増水した水は橋を超えて流れる。したがって欄干が無いのが特徴。川幅の広いところに安価に架けられるところから、昭和30年代に多く造られた。日本最後の清流四万十川や仁淀ブルーの仁淀川の美しい風景にマッチした沈下橋は今や地元民の自慢の風景である。この橋は向山橋であるが、一見ガウディ風のスタイルで、数ある橋の中で抜きんでて美しい。

向山橋　高知県四万十町大正　昭和30年代建設

あとがき

POSTFACE

海外旅行が好きだ。初めての海外旅行は29歳の時、5カ月間の世界一周だった。1ドルが310円の時で、最後はひどい貧乏旅行になった。1974年のことだ。1986年、今から35年前にウィーンにただならぬ興味を覚え、それからアールヌーヴォー建築にはまってしまった。以後、私の海外旅行はアールヌーヴォー建築から離れることはない。

今までに63回海外に出て、90カ国を回った。滞在日数は828日（2年と3カ月）になった。

2017年に1冊目の『アールヌーヴォーの残照』を出版し、今回この本と同時に東京の出版社から『一度は見たい幻想建築』を上梓した。

世界のアールヌーヴォー建築は多分6000棟くらいあって、その半分くらいを見たことになる。有名どころはかなり押さえたつもりだが、ロシアの地方都市、各国の辺鄙な場所にある温泉などはまだまだ多く残っている。ネットで検索すると何の建物か、どこにあるかもわからない未知のアールヌーヴォー建築が出現する。それらを求めて私の旅はまだまだ続く。

2020年4月

PROFILE

小谷（おだに）　匡宏（ただひろ）（一級建築士、元高知県及び四国バスケットボール協会会長）

昭和20年11月10日　高知県生まれ
昭和39年　土佐高等学校　卒業
昭和44年　芝浦工業大学建築学科　卒業
同年　ASA設計事務所（高知市）入社
昭和49年　小谷匡宏建築設計事務所　設立
昭和55年　同事務所を株式会社小谷設計に改組　代表取締役社長
平成28年　株式会社小谷設計　取締役会長　（現在は介護一筋）

［受賞歴］
昭和59年　第1回高知市都市美デザイン賞（鈴木東グリーンハイツ）
平成2年　第7回高知市都市美デザイン賞（帯屋町一番街アーケード）
平成7年　通商産業省グッドデザイン賞
（高知県高岡郡梼原町地域交流施設「雲の上ホテル・レストラン」、隈研吾氏と共同受賞）

［著　書］
『ドキュメント 大二郎の挑戦』（小谷設計、1992年）
『大二郎現象』（小谷設計、1994年）
『土佐の名建築』（共著　高知新聞社、1994年）
『土佐の民家』（共著　高知新聞社、1997年）
『海外遊学紀行』（南の風社、2017年）
『アールヌーヴォーの残照～世紀末建築・人と作品～』（三省堂書店、2017）
『一度は見たい幻想建築』（大和書房、2020年）

株式会社小谷設計
〒781-5106 高知県高知市介良乙822-2
TEL：088-860-1122　FAX：088-860-5346
携帯：090-1174-9195
E-mail：odanis@mocha.ocn.ne.jp

バスケットに打ち込んでいた高校三年生（対徳島工業戦）

・東ヨーロッパのナイススペース　SD：92：07　鹿島出版会
・GA・DOCUMENT 18H-1919　GA
・アールヌーヴォー・アールデコ　別冊太陽　平凡社
・アールヌーヴォー・アールデコ　読売新聞社
・装飾デザイン　学研
・魅惑の世紀末　海野弘　美術公論社
・EXPO　CORRIERE DELLA SERA　RIZZOLI
・図説 ハプスブルク帝国　加藤雅彦　河出書房新社
・ハプスブルク帝国　岩﨑周一　講談社
・皇妃エリザベートとハプスブルク家　新人物往来社
・ハプスブルク家　江村洋　講談社現代新書
・ハプスブルク三都物語　河野純一　中公新書
・ハプスブルク家の女たち　江村洋　講談社現代新書
・ハプスブルク家最後の皇女 エリザベート　塚本哲也　文藝春秋
・シシー　Gödöllői Királyi Kastély
・International Arts and Crafts　Karen Livingstone, Linda Party　ビクトリア・アルバート博物館
・世界5000年の名建築　二階幸恵　X-Knowledge
・ZSINAGÓGÁK SZLOVÁKIÁBAN　Pusztay Sándor　KORNÉTÁS
・EXPO　CORRIERE DELLA SERA　RIZZOLI
・The Habsburg Dynasty（ハプスブルク展）　TBSテレビ
・ユダヤ人　J.P.サルトル　岩波新書
・ユダヤ人とユダヤ教　市川裕　岩波新書
・ナチスの戦争1918-1949　リチャード・ベッセル　中公新書
・ユダヤ人と経済生活　ヴェルナー・ゾンバルト　講談社
・世界を動かすユダヤの陰謀　並木伸一郎　王様文庫
・ユダヤ人大富豪の教えⅠ、Ⅱ、Ⅲ　本田健　だいわ文庫
・世紀末ウィーンのユダヤ人　S・ベラー　刀水書房
・民族世界地図　浅井信雄　新潮文庫
・ロスチャイルド家　横山三四郎　講談社

［オーストリア］

・百花繚乱のウィーン　芸術新潮
・ウィーン精神　V.M.ジョンストン　みすず書房
・ウィーン世紀末の文化　木村直司　東洋出版
・世紀末ウィーン　カール・E・ショースキー　岩波書店
・ウィーン・都市の万華鏡　池内紀　音楽之友社
・ウィーンの世紀末　池内紀　白水社
・ウィーン　森本哲朗　文藝春秋
・VIENNA　n. f. Ullmann
・OTTO WAGNER　UND・SEINE SCHULE　WALTER ZEDNICEK
・WIENER ARCHITEKTUR UM 1900　WALTER ZEDNICEK

参考文献　REFERENCES

・A SZÁZADFORDULO MAGYAR FPITE SZETE（世紀転換期のマジャール建築）
・アール・ヌーヴォーの建築　フランク・ラッセル編　ADA EDITA Tokyo Co., Ltd
・世紀末建築（FIN・DE・SIÈCLE ARCHITECTURE）全6巻　三宅理一　田原桂一　講談社
・アール・ヌーヴォー　クラウス・ユルゲン・ゼンバッハ　TASCHEN
・アールヌーヴォー　スティーブン・エスクリット　岩波書店
・アール・ヌーヴォーの世界　学習研究社　全5巻
・織りなされた壁　下村純一　グラフィック社
・名句で綴る近代建築史　谷川正己、中山章　井上書院
・アールヌーヴォー建築　橋本文隆　河出書房新社
・他都市建築家作品集多数
・ヨーロッパのアールヌーボー建築を巡る　堀本洋一　角川SSC新書
・世紀末の美と夢（全6巻）　辻邦生　集英社
・世界の建築・街並ガイド　エックスナレッジ
・ヨーロッパ建築案内　香山研究室　工業調査会
・アメリカ建築案内　香山研究室　工業調査会
・近代建築史図集　日本建築学会　彰国社
・近代建築史概説　近江栄　他　彰国社
・近代建築の系譜　大川光雄、川向正人、初田享、吉田鋼一　彰国社
・建築の世紀末　鈴木博之　晶文社
・地球の歩き方　ダイヤモンド社
・アール・ヌーヴォー　S.T.マドセン　美術公論社
・アール・ヌーヴォー　マリオ・アマヤ　PARCO出版
・アール・ヌーボーの世界　海野弘　中公文庫
・アール・ヌーヴォーの世界　海野弘　造形社
・モダン・デザイン全史　海野弘　美術出版社
・世界デザイン史　阿部公正　美術出版社
・近代建築の黎明　ケネス・フランプトン　GA
・LA FACADE ART NOUVEAN　AAM　ARTISANS ET MÉTIERS
・アール・ヌーヴォーの邸宅　下村純一　小学館
・薔薇と幾何学　下村純一　平凡社
・西洋温泉事情　池内紀　鹿島出版会
・反合理主義者たち　N・ペヴスナー、J.M.リチャーズ　鹿島出版会
・世界の建築家群像　尾上孝一　井上書院
・近代建築の目撃者　佐々木宏　新建築社
・ベル・エポック　ユリイカ　1993.12　青土社
・ジャポニズムからアールヌーヴォーへ　由水常雄　中公文庫
・世紀末の街角　海野弘　中公新書

[チェコ]
• プラハのアール・ヌーヴォー　田中充子　丸善
• プラハを歩く　田中充子　岩波新書
• プラハの世紀末　平野嘉彦　岩波書店
• Art-Nouveau Prague　Petr Wittlich, Jan Maly
• PRAG UND DER JUGENDSTIL
JIRI VSETECKA RAJI
• 市民会館ガイドブック　市民会館
• OBECNIDUM/MUNICIPAL HOUSE
FILIP WITTLICH, IVAN KRAL　MUNICIPAL HOUSE
• NARODNI DUM V PROSTEJOVE
PROSTEJOV, MESTSKE　STREDISKO
• Brno　NAKLADATELSTVI　K-PUBLIC

[スロベニア]
• ヨージェ・プレチニック　SD 87:11
鹿島出版会
• MAX FABIANI NUOVE FRONTIERE DELL'
ARCHITETTURA　Cataloghi Marsilio

[ルーマニア]
• ORADEA　RODICA HARCA　EDITURA MUZEULUI
TAR II　CRIS. URILOR

[セルビア]
• SUBOTICA　Zoran Radovanov
• RAICHLE PALACE　ライヒレ宮殿
• BELGRADE　STUDIO STRUGAR PUBLISHERS

[スロヴァキア]
• ブラチスラヴァ　MARTIN SLOBODA
• Košice City Guide

[ポルトガル]
• ALL PORTO　ESCUDO DE ORO
• PORTO　OBJECTO ANÓNIMO
• MUSEU ARTE NOVA DICIONÁRIO
アールヌーヴォー美術館・アヴェイロ

[ロシア]
• ロシア建築案内　リシャット・ムラギルディン
ToTo 出版

[フレーム]
• ART NOUVEAU FRAMES & BORDERS
Carol Belanger Grafton (copyright-Free)

• オットー・ワーグナー　M・パイントナー;
H・ゲレーツェッガー　鹿島出版会
• アドルフ・ロース　Heinrich Kulka　泰流社
• アドルフ・ロース　アドルフ・ロース研究会　大龍堂書店
• アドルフ・ロース　川向正人　住まいの図書館
• ADOLF LOOS・JOSEPHINE BAKER
Uitgeverij・olo　Rotterdam
• にもかかわらず　アドルフ・ロース　みすず書房
• マーラー　私の時代が来た　桜井健二　二見書房
• グスタフ・マーラー　アルマ・マーラー　中公文庫
• OLBRICH ARCHITECTURE　RIZZOLI　NEW YORK
• IDEEN・VON・OLBLICH　ARNOLD SCHE
• Parmstadt und der Jugendstil　Hans-C・Hoftman
• Josef Hoffmann　Zanichelli a cura di Gluliano Greslerl
• Otto Wagner　Zanichelli a cura Glancarlo Bernabel
• ウィトゲンシュタイン入門　永井均　ちくま新書
• ウィトゲンシュタイン ノーマン・マルコム　講談社
• HAUS WITTGENSTEIN Eine Dokumentation
• ARCHITEKTUR IN WIEN　Die Geshaftsgruppe
• Vlenna L'OPERA DI OTTO WAGNER CLUP GUIDE
• Vlennese Jugendstil　www.FALTER.AT
• ウィーン物語　宝木範義　新潮選書
• 暗い血の旋舞 (Mitsuko)　松本清張　NHK
• JUGEND STIL IN WIEN　PETER・SCHUBERT　KRAL
• コロマン・モーザー　藤本幸三　INAX
• 世紀末の中の近代　越後島研一　丸善

[ハンガリー]
• A SZÁZADFORDULO MAGYAR EPITESZETE
• レヒネル・エデンの建築探訪　寺田生子、渡辺美紀　彰国社
• レヒネル・エデン　赤地経夫　INAX ギャラリー
• ハンガリーの建築・陶芸と応用美術
京都国立近代美術館　京都国立近代美術館
• ART NOUVEAU in HANGARY　Judit・Szabadi
• レヒネル・エデンの建築　INAX
• MAGYAR EDE　Bakonyi Tibor
AKAÉMIAI　KIADO BUDAPEST
• Ede MagYar　TIBOR BAKONYI
• ブダペストの世紀末　ジョン・ルカーチ　白水社
• KECSKEMÉT　KECSKEMÉTI LAPOK
• ZSOLNAY　Romuary Ferenc
• LeCHNER ÖDÖN　BAKONYI TIBOR-KUBINSZKY
MIHÁLY　CORVINA KIADÓ
• LECHNER　HALÁSZ CSILLA, LUDMANN MIHÁLY,
VICZIÁN ZSSÓFIA　LÁTÓHATÁR KIADÓ
• SZÉKESFEHÉRVÁR　Magyarország Kincsestára
• Vác　Az élmények városa

ハプスブルク帝国の
アールヌーヴォー建築

発 行 日　2020年4月30日　初版第1刷発行
著　　者　小谷　匡宏
発 行 人　坂本圭一朗
発 行 所　リーブル出版
〒780-8040 高知市神田2126-1
TEL 088-837-1250
写真・編集　小谷　匡宏
印刷・製本　株式会社渋谷文泉閣

ISBN 978-4-86338-257-2